NORBERT KÖNIG

Die Annahme eines Kindes im Ausland

Schriften zum Internationalen Recht

Band 17

Die Annahme eines Kindes im Ausland

Zur Anerkennung und Wirkung ausländischer Adoptionsentscheidungen in der Bundesrepublik Deutschland

Von

Norbert König

DUNCKER & HUMBLOT / BERLIN

Gedruckt 1979 bei Buchdruckerei Bruno Luck, Berlin 65
Printed in Germany
ISBN 3 428 04527 0

Vorwort

Diese Arbeit hat im Sommersemester 1979 der Rechtswissenschaftlichen Fakultät der Albert-Ludwigs-Universität Freiburg als Dissertation vorgelegen.

Das Manuskript wurde im August 1979 abgeschlossen.

Herrn Professor Dr. Helmut Engler, Minister für Wissenschaft und Kunst des Landes Baden-Württemberg, der die Arbeit angeregt hat, danke ich für seine vielfältige Unterstützung.

Ich widme diese Arbeit meinen Eltern.

N. K.

Inhaltsverzeichnis

Abkürzungsverzeichnis

a. A.	=	anderer Ansicht
A2d	=	Atlantic Reporter Second Series
Actes et Doc.	=	Actes et Documents der 10. Haager Konferenz
AdvermiG	=	Adoptionsvermittlungsgesetz
a. F.	=	alte Fassung
AG	=	Amtsgericht
AIR	=	All India Reports
AmJCompL	=	American Journal of Comparative Law
Anm.	=	Anmerkung
Annuaire	=	Annuaire de l'Institut de Droit International vol. 55 (1973)
Art./Artt.	=	Artikel
AuslG	=	Ausländergesetz
BayObLG(Z)	=	Bayerisches Oberstes Landesgericht (Entscheidungen in Zivilsachen)
Begr.	=	Begründung
Beschl.	=	Beschluß
BGB	=	Bürgerliches Gesetzbuch
BGBl.	=	Bundesgesetzblatt
BGH(Z)	=	Bundesgerichtshof (Entscheidungen in Zivilsachen)
BT	=	Bundestag
BVerfG(E)	=	Bundesverfassungsgericht (Entscheidungen)
bw.	=	baden-württembergisch
CA 3d	=	California Appellate Reports Third Series
Can. Bar Rev.	=	Canadian Bar Review
Ch. (suppl.)	=	Chambre (supplémentaire)
Clunet	=	Journal du Droit International
ColLRev.	=	Columbia Law Review
DAVorm	=	Der Amtsvormund
DenverLJ	=	Denver Law Journal
Diss.	=	Dissertation
Drs.	=	Drucksache
ebd.	=	ebenda
EGBGB	=	Einführungsgesetz zum Bürgerlichen Gesetzbuch
FamRÄndG	=	Familienrechtsänderungsgesetz
FamRZ	=	Ehe und Familie, Zeitschrift für das gesamte Familienrecht
fG	=	freiwillige Gerichtsbarkeit
FGG	=	Gesetz über die Angelegenheiten der freiwilligen Gerichtsbarkeit
Fn.	=	Fußnote
FS	=	Festschrift
G	=	Gesetz
GG	=	Grundgesetz für die Bundesrepublik Deutschland
GS	=	Gedächtnisschrift
GYJL	=	German Yearbook of International Law
h. M./Rspr.	=	herrschende Meinung/Rechtsprechung
Intern. Comp. L. Q.	=	International and Comparative Law Quarterly
IPG	=	Gutachten zum internationalen und ausländischen Privatrecht

IPR	= Internationales Privatrecht
IPRspr.	= Die deutsche Rechtsprechung auf dem Gebiete des internationalen Privatrechts
i. V. m.	= in Verbindung mit
IZPR	= Internationales Zivilprozeßrecht
JFamL	= Journal of Family Law
JWG	= Jugendwohlfahrtsgesetz
JZ	= Juristenzeitung
KG	= Kammergericht
Lb.	= Lehrbuch
LG	= Landgericht
MDR	= Monatsschrift für deutsches Recht
mwN.	= mit weiteren Nachweisen
NCLRev.	= North Carolina Law Review
n. F.	= neue Fassung
NJ	= New Jersey Reports
NJW	= Neue juristische Wochenschrift
OLG	= Oberlandesgericht
PStG	= Personenstandsgesetz
RabelsZ	= Zeitschrift für ausländisches und internationales Privatrecht
Rdnr.	= Randnummer
Recueil	= Académie de Droit International, Recueil des Cours
RegE	= Regierungsentwurf
Rev. crit.	= Revue critique de droit international privé
RGBl.	= Reichsgesetzblatt
RG(Z)	= Reichsgericht (Entscheidungen in Zivilsachen)
Rpfleger	= Der deutsche Rechtspfleger
RuStAG	= Reichs- und Staatsangehörigkeitsgesetz
Sp.	= Spalte
StAZ	= Das Standesamt, Zeitschrift für Standesamtswesen
St./J. -	= Stein - Jonas - Bearbeiter (Kommentar zur ZPO)
SW 2d	= Southwestern Reporter Second Series
UPittLRev.	= University of Pittsburgh Law Review
ZBlJR	= Zentralblatt für Jugendrecht und Jugendwohlfahrt
ZfRvgl	= (österreichische) Zeitschrift für Rechtsvergleichung
ZPO	= Zivilprozeßordnung
ZRP	= Zeitschrift für Rechtspolitik
ZZP	= Zeitschrift für Zivilprozeß

I. Einführung

Internationale Adoptionen haben seit dem Zweiten Weltkrieg immer größere Bedeutung erlangt. Häufig entschlossen sich Ehepaare, ein ausländisches Kind zu adoptieren, weil es in ihrem Heimatland nicht möglich war, ein geeignetes Kind zu vermitteln, oder aus humanitären Erwägungen im Gefolge von Kriegen (Korea, Vietnam), Naturkatastrophen oder anderen Notsituationen[1].

Nehmen deutsche Eheleute ein ausländisches Kind an und wird das Adoptionsverfahren im Ausland, regelmäßig im Heimatstaat des Kindes, durchgeführt, entstehen Probleme der Anerkennung dieser Adoption, sobald das Kind beginnt, am Wohnsitz seiner Adoptiveltern in der Bundesrepublik zu leben.

Die Wirksamkeit der ausländischen Adoption ist Vorfrage für eine Vielzahl von Sachverhalten privat- und öffentlichkeitsrechtlicher Art wie Staatsangehörigkeit, Unterhalt, Erbfolge, Steuerklasse usw., an deren rascher Klärung insbesondere den Adoptiveltern gelegen ist.

Die Situation wird dadurch erschwert, daß die theoretischen Grundlagen der Anerkennung, insbesondere im Bereich der freiwilligen Gerichtsbarkeit, noch nicht hinreichend geklärt sind und die Gerichtspraxis oftmals den einfacheren Weg der Nichtanerkennung einer Auseinandersetzung mit den Voraussetzungen und Wirkungen der Anerkennung vorgezogen hat.

Im folgenden soll versucht werden, für einen Teilbereich des internationalen Adoptionsrechts Lösungsmöglichkeiten zu diskutieren.

Die Überlegungen gehen davon aus, daß im Interesse des internationalen Rechtsverkehrs eine partikularistische Abgrenzung der eigenen Rechtsordnung gegenüber ausländischen Rechtsakten zu vermeiden ist

---

[1] Amtliche Statistiken über die Anzahl der im Ausland adoptierten Kinder bestehen nicht. Das Statistische Bundesamt erfaßt nur Adoptionen, die in Deutschland vorgenommen wurden. — *Magnus / Münzel* (StAZ 1977, 65 f.) berichten, daß die Organisation „terre des hommes“ bis 1975 931 Kinder zur Adoption in die BRD vermittelt hat. Die Kinder aus Südvietnam wurden regelmäßig bereits dort adoptiert, da die vorherige Adoption Ausreisevoraussetzung war (dazu *Schurig*, StAZ 1973, 33; *Jayme*, StAZ 1973, 229, 231; *Baer*, StAZ 1977, 33, 37), während sich andere Staaten wie Bolivien oder Kolumbien mit der Bestellung der Annehmenden zum Vormund als Ausreisevoraussetzung begnügen (*Baer*, ebd.). — Zu den (nichtjuristischen) Erfahrungen und Problemen deutscher Adoptiveltern mit Kindern aus der Dritten Welt vgl. die Arbeit von *Weyer*.

und daß das Wohl des Kindes, das im Ausland adoptiert wurde, in Übereinstimmung mit den Wertungen des deutschen materiellen Adoptionsrechts auch für die Entscheidung anerkennungsdogmatischer Fragen maßgeblich sein muß.

Die Untersuchung ist auf den typischen Fall einer Adoption im Ausland beschränkt, daß ein Ehepaar mit deutscher Staatsangehörigkeit und ständigem Wohnsitz im Inland ein ausländisches minderjähriges Kind in dessen Heimatstaat adoptiert, so daß Fragen der Verwandtenadoption und der Volljährigenadoption ebenso wie Probleme, die sich bei unterschiedlicher Staatsangehörigkeit der Eheleute ergeben können, außer Betracht bleiben.

Keine Beschränkung wird hinsichtlich der Vielzahl ausländischer Staaten vorgenommen, in denen Adoptionen ausgesprochen werden können. Dies bringt freilich mit sich, daß die Untersuchung auf Details ausländischer Adoptions- und Verfahrensrechtsordnungen verzichtet und nur exemplarisch die möglichen Konfliktsituationen zwischen deutschem und ausländischem Adoptionsrecht herausarbeitet.

Da Ziel der Arbeit nicht ein Vergleich von Adoptionsrechten, sondern ein Versuch zur Verdeutlichung von Grundsätzen des Anerkennungsrechts ist, erschien dieses Vorgehen gerechtfertigt.

Häufig wird zwischen der Anerkennung ausländischer Urteile, die sich nach § 328 ZPO bestimmt, und der Anerkennung ausländischer Akte der freiwilligen Gerichtsbarkeit unterschieden[2], für die einzelne Grundsätze des § 328 ZPO analog herangezogen werden, sofern nicht in beiden Fällen Staatsverträge eingreifen. Diese Unterscheidung ist jedoch ungenau und ungünstig, weil sie die Unbestimmtheit des Begriffs „freiwillige Gerichtsbarkeit"[3] in den Problemkreis der Anerkennung überträgt.

Das BayObLG[4] schließt in seiner Grundsatzentscheidung zur Anerkennung ausländischer Akte der freiwilligen Gerichtsbarkeit die rechtsgestaltenden Akte aus dem Wirkungskreis des § 328 ZPO aus. Für diese gelte der allgemeine Grundsatz, daß ausländische Entscheidungen über privatrechtliche Beziehungen anerkannt werden.

---

[2] Vgl. etwa *Soergel / Siebert - Kegel,* vor Art. 7 EGBGB, Anm. 392; *Schäfer,* S. 5 mwN.

[3] Dazu *Baur,* FGG § 2 Anm. B III; *Habscheid,* Lb. S. 15 ff.; eine materielle Definition versucht *Swoboda,* S. 11 ff. — Demgegenüber präzisieren *Schumann / Leipold* (St./J. § 328 III 2), daß § 328 Akte freiwilliger Gerichtsbarkeit nicht umfasse, „soweit sie z. B. rein beurkundender oder fürsorgender Art sind", womit wohl Streitsachen der fG dem § 328 zugeordnet werden, weil sie Leistungsurteilen funktionsgleich oder zumindest ähnlich sind.

[4] BayObLGZ 1959, 8, 24 f. = FamRZ 1959, 364 ff. mit zust. Anm. *Schwimann,* S. 371 f.

Die Privilegierung von Entscheidungen mit Gestaltungswirkung, die „inter omnes“ wirken[5], finde ihre Grenze lediglich in den Schranken des ordre public und der ausschließlichen internationalen Zuständigkeit.

Adoptionen sind Gestaltungsakte, die den Status von Eltern, Adoptiveltern und Adoptivkind verändern, indem vorhandene Verwandtschaftsbeziehungen verringert oder abgebrochen und neue Beziehungen begründet werden. Es liegt daher nahe, dieses Charakteristikum der Adoption in den Vordergrund zu stellen, statt Adoptionsentscheidungen als „Entscheidungen freiwilliger Gerichtsbarkeit“ zu kategorisieren und gemeinsame Anerkennungsbedingungen für diesen Gesamtbereich unterschiedlicher Entscheidungstypen zu suchen.

A. Das Institut „Adoption“ in internationaler Sicht

Ehrenzweig weist auf die Möglichkeit hin, daß — international gesehen — Beziehungen, die auf einer Adoption beruhen, außer dem Namen nur wenig gemeinsam haben[6], und stellt die verschiedenen modernen Institute, die mehr oder weniger zufällig (accidentally) „Adoption“ genannt werden, Instituten wie Ehe und Kindschaft gegenüber, die so alt wie die Menschheit sind[7] und deren Wirkungen jedenfalls in der westlichen Welt im wesentlichen übereinstimmen.

Ein Überblick über die gegenwärtige Rechtssituation im Bereich des internationalen Adoptionsrechts[8] verdeutlicht die Sonderstellung dieser Form der „künstlichen“ Statusbegründung gegenüber anderen „natürlichen“ Familienbeziehungen. Hinter gleich- und ähnlichklingenden Begriffen wie adoption, adoptie, adopçao, adozione usw. verbergen sich Rechtsinstitute, die in Voraussetzungen und Wirkungen sehr unterschiedlich sein können[9]. Eine Definition dessen, was international unter einer Adoption verstanden werden soll, ist daher problematisch.

Im Haager Adoptionsabkommen von 1965 wurde auf eine Definition verzichtet[10], obwohl die Mitgliedstaaten der Haager Konferenz eine kulturell und historisch immerhin ähnliche „westliche“ Rechtstradition haben, weil man die Entwicklung neuer Adoptionstypen nicht behindern und der Verschiedenheit der vorhandenen Adoptionsformen Rechnung tragen wollte.

---

[5] Dazu *Habscheid*, Lb. S. 171.

[6] Conflict of Laws (1962) S. 185.

[7] General Part S. 129.

[8] Den Stand der Gesetzgebung berichtet *Behn* in ZBlJR 1977, 463, insbes. 469 - 476; vgl. auch die ausführliche Übersicht aus dem Jahre 1975 der Eidgen. Justizabteilung in ZBlJR 1976, 64 - 74 und Actes et Doc., S. 20 f. und S. 297 - 305.

[9] Vgl. die ausführlichen Berichte von *Oberloskamp*, Diss. S. 22 - 34, und *Randzio*, S. 12 - 134, allerdings aus den Jahren 1967 bzw. 1969.

[10] Zur Diskussion darüber vgl. *Blume*, S. 41 ff.

Das Institut de Droit International hat in seiner Entschließung zu den Adoptionswirkungen vom 14. 6. 1973[11] Adoption definiert als „acte juridique par lequel une personne est regardée — a certains égards ou à tous égards — comme l'enfant légitime d'une autre personne ou de deux époux dont elle n'est pas l'enfant légitime".

Es erscheint in der Tat möglich, die teilweise oder vollständige Gleichstellung des Adoptivkindes mit einem ehelichen Kind als das entscheidende Kriterium einer Adoption herauszuarbeiten, ohne die mit der Adoption verbundenen unterschiedlichen rechtspolitischen Zielsetzungen von der Sicherung eines Erben für den Adoptanten bis zur Funktion als Fürsorgeinstitut im Interesse des Kindes zu verwischen.

Es ist weiter möglich, je nach dem Grad der Gleichstellung von „schwachen" oder „starken" Adoptionen zu sprechen, wobei die „Volladoption" durch den regelmäßig vollständigen Abbruch der Beziehungen zwischen dem Adoptivkind und seinen leiblichen Verwandten gekennzeichnet ist[12].

Diese Kategorisierungsversuche sind wertvolle Qualifikationshilfen, wenngleich ihre Relativität zum Beispiel darin deutlich wird, daß das österreichische Adoptionsrecht nach der Reform von 1960 zwar bestimmte Merkmale der „Volladoption" aufweist[13], andererseits aber nicht mit der „Volladoption" schweizerischen oder deutschen Modells gleichgesetzt werden kann[14], obwohl alle drei Staaten eine immerhin ähnliche Rechtstradition haben.

Weiterhin können allgemeine Entwicklungstendenzen des internationalen Adoptionsrechts herausgearbeitet werden, die sich etwa im Anschluß an Rechtsvereinheitlichungsbestrebungen der Vereinten Nationen, des Europarats oder der Arbeit der Haager Konferenz abzeichnen[15]. Zu denken wäre insbesondere an die Tendenz, die Interessen der natürlichen und der Adoptiveltern denen des Adoptivkindes unterzuordnen und im Interesse des Kindes die Beziehungen zwischen dem Adoptivkind und seinen Wahleltern jedenfalls rechtlich immer mehr zu ver-

---

[11] Annuaire, S. 793; RabelsZ 39 (1975) S. 738 - 741. Die Offenheit der Definition führte freilich dazu, in Art. 5 eine Klausel aufzunehmen, daß die Anerkennung eine hinreichende Ähnlichkeit („une analogie suffisante") der Adoptionsformen des Entscheidungs- und des Anerkennungsstaates voraussetze (Annuaire, S. 795; ablehnend dazu *Oberloskamp*, RabelsZ ebd. S. 699), und verlagerte damit das Problem auf den jeweiligen Anerkennungsstaat.

[12] Zur Begriffsbildung vgl. *Engler*, Auf dem Weg S. 43 ff.

[13] Vgl. *Engler*, ebd. S. 146 f. mwN.

[14] Dazu *Zemen*, FamRZ 1978, 308, 310 insbes. Fn. 16.

[15] Vgl. etwa „L'adoption entre pays", Rapport d'un Groupe d'Experts européens (Nations Unies Genève 1960 (UN/TAA/EG/Rep. 3); Recommandations du Cycle d'etude européen sur l'adoption entre pays (Nations Unies Genève 1960 UN/TAO/SEM/1960/Rep. 2); Die Arbeit der Expertengruppen vor der 10. Haager Konferenz dokumentiert *Oberloskamp*, Diss. S. 6 - 12.

festigen und eine Aufhebung mehr und mehr auszuschließen[16]. Die Realisierung dieser Tendenzen vollzieht sich freilich in sehr unterschiedlicher Weise, bedingt durch verschiedene rechtspolitische Wertungen und Rechtstraditionen, außerdem ist der fehlende zeitliche „Gleichlauf" der Reformbemühungen in den verschiedenen Staaten zu beachten.

Für die deutsche Diskussion ist die Lage ein wenig einfacher als keine Definition mit Anspruch auf internationale Anerkennung verlangt ist, sondern der deutsche Rechtsanwender autonom zu bestimmen hat, was nach deutschem Recht, nach den Intentionen des deutschen Gesetzgebers, als „Adoption" qualifiziert werden soll[17].

Das Qualifikationsproblem stellt sich einmal, um die Anwendung und Reichweite der deutschen Konfliktnormen wie des Art. 22 EGBGB zu bestimmen. Dies ist gerade auch im Zusammenhang mit der Anerkennung notwendig, da Voraussetzungen und Wirkungen von Adoptionen durch Deutsche im Ausland auch im Hinblick auf die gesetzliche Regelung des EGBGB zu würdigen sind. Zum andern knüpfen Gesetze wie etwa das RuStAG in § 6 an die „nach den deutschen Gesetzen wirksame Annahme" an.

Entscheidend ist jedoch, die Äquivalenzfrage zu lösen[18]. Es ist zu klären, in welchem Rahmen ausländische Rechtsphänomene sinnvollerweise mit dem deutschen Institut der Annahme als Kind in Beziehung gesetzt werden können, wobei die mit dem Institut verbundene Funktion, die konkreten Interessen der Beteiligten und die konkreten Lebenssachverhalte materielle Äquivalenzkriterien sind.

„Annahme als Kind" beschränkt sich nicht auf Adoptionsformen, die dem deutschen Adoptionstyp der §§ 1741 ff. BGB gleichen, sondern umfaßt alle Institute, die in Funktion und sachlichem Regelungsgehalt mit der deutschen Adoptionsform „im Kern" übereinstimmen[19].

---

[16] *Müller-Freienfels*, 16 AmJCompL (1968) S. 175 - 208, 204 f., *Krause*, S. 76.

[17] Zur Funktion des Richters in diesem Zusammenhang vgl. etwa LG Tübingen FamRZ 1967, 511.

[18] *Lipstein* bezeichnet dies als „transposition" of foreign law (S. 841). Die Äquivalenzfrage im Qualifikationszusammenhang bestimmt freilich nur, ob das ausländische Institut eine „Adoption" ist, präjudiziert jedoch nicht, welche Wirkungen inländischen Rechts dieser ausländischen Adoption zukommen. Ein instruktives Beispiel ist die Entscheidung eines Rotterdamer Gerichts (berichtet von *de Nova*, Recueil S. 152 f.): Bei einem Verkehrsunfall in Holland wurde ein Belgier getötet und die Frage war, ob dessen nach belgischem, „schwachem" Recht adoptiertes Kind in den Genuß eines Unterhaltsanspruchs entsprechend § 844 Abs. 2 BGB nach dem als lex loci delicti commissi anwendbaren holländischen Recht kommen sollte. Das Gericht stellte auf die Unterschiede in den Adoptionsformen Hollands und Belgiens ab und verneinte den Anspruch, weil das belgische Adoptivkind — anders als ein holländisches — sich wegen Unterhalt noch an seine leiblichen Eltern halten könne.

[19] So etwa *Kegel*, Lb. S. 129 - 146; *Dölle*, Grundbegriffe S. 74 - 83; *Steindorff*, S. 52 - 114; *Blume*, S. 43 ff. Auf eine Auseinandersetzung mit den Qualifikationstheorien wird hier verzichtet.

Die Frage nach dem „Kern“ oder dem „Wesen“ der Adoption ist schon für die deutsche Rechtssituation schwer zu beantworten. Die Vielfalt der Adoptionstypen und -zwecke, die etwa bei der Verwandtenadoption, Stiefkindadoption, Waisenkindadoption oder Volljährigenadoption zum Ausdruck kommen, macht es schwierig, allgemeinverbindliche Aussagen zu treffen.

Hinzu kommt die Einsicht in die Wandelbarkeit des Adoptionsrechts[20], die es verbietet, zur Bestimmung des Begriffskerns der Adoption die gegenwärtige positive Rechtslage zu verabsolutieren: Auch die §§ 1741 ff. BGB a. F. haben eine „Adoption“ geregelt.

Die Herausarbeitung von „essentialia adoptionis“ ist daher mit vielen Unsicherheiten belastet; folgender Vorschlag scheint gleichwohl möglich:

Adoption ist die Herstellung eines Eltern-Kind-Verhältnisses zwischen dem Angenommenen und dem oder den Annehmenden, das die vollständige Übertragung der elterlichen Gewalt auf den oder die Annehmenden sowie ihre zumindest primäre Unterhaltsverpflichtung gegenüber dem Adoptivkind beinhaltet. Die Beziehung wird nicht für einen begrenzten Zeitraum, sondern auf Dauer hergestellt.

Blume[21] hält aufgrund einer vergleichenden Analyse der Rechtsordnungen der Teilnehmerstaaten der Haager Adoptionskonferenz 1964 folgende weitere Voraussetzungen für wesentlich, um den unbestimmten Adoptionsbegriff des Abkommens festzulegen:

— förmliches Verfahren auf Initiative der Annehmenden,
— ausdrückliche Billigung staatlicher Organe,
— reziproke Unterhaltspflichten zwischen Angenommenen und Annehmenden,
— Möglichkeit der Namensänderung,
— Erbrecht am Nachlaß des Adoptanten.

Für den Zweck der Charakterisierung, einen gleichsam „kleinsten gemeinsamen Nenner“ aller Institute zu begründen, die noch als „Adoption“ bezeichnet werden können, erscheint der Vorschlag Blumes, der freilich eine begrenztere Zielsetzung verfolgt, zu weitgehend.

Daß das Adoptivkind am Nachlaß des Adoptanten beteiligt ist oder ihm Unterhalt schuldet, ist zwar regelmäßige, aber nicht notwendige Folge des Adoptionsverhältnisses. Ebenso erscheint es nicht notwendig, das Zustandekommen einer Familienbeziehung, die den vorgeschlagenen Kriterien entspricht, an ein bestimmtes Verfahren zu binden, um daraus eine „Adoption“ zu machen.

---

[20] Übersicht bei *Staudinger - Engler,* Vorbem. § 1741 Anm. 7 - 44.

[21] S. 47 ff.

Es wäre freilich möglich, die als wünschenswert angesehenen Adoptionsanforderungen wie die Vorschaltung eines Pflegeverhältnisses, Mindestalter der Annehmenden, Zustimmungserfordernisse, Volladoption als Regeltyp usw., die etwa das Europäische Adoptionsübereinkommen von 1967 vorsieht[22], bereits in dem Begriff „Adoption" so zu verankern, daß alle ähnlichen Rechtsphänomene, die diese Bedingungen nicht erfüllen, schon begrifflich nicht Adoption sein können. Dies entspräche jedoch weder dem üblichen Sprachgebrauch, noch wäre es analytisch sinnvoll, Bewertungskriterien, die besser in anderem systematischem Zusammenhang diskutiert werden, hinter einer Begriffsfassade zu verschleiern. Entspricht zum Beispiel ein Kindschaftsverhältnis nicht dem Wohl des Kindes oder wird das Wohl des Kindes im Heimatstaat grundsätzlich nicht überprüft, ist es sachgerechter, diesen Sachverhalt im Rahmen des ordre public zu untersuchen, als diesen deutschen Adoptionszweck schon bei der Qualifikation zu verabsolutieren. Aus diesem Grund sind die vorgeschlagenen Kriterien ausreichend.

Die Aufnahme des Begriffs „Eltern-Kind-Verhältnis" scheint trotz seiner Unbestimmtheit notwendig, um die Summe der tatsächlichen, spezifischen Beziehungen zwischen Eltern und Kind, die dieses familienrechtliche Verhältnis von Beziehungen zwischen entfernteren Verwandten, Eheleuten, Freunden unterscheiden, zum Ausdruck zu bringen[23].

Das Merkmal der Dauer dient dazu, Adoptionen von den hinsichtlich Pflege und Erziehung ähnlichen Pflegekindschaftsverhältnissen[24] abzugrenzen. Auch ist freilich zu berücksichtigen, daß es Zwischenformen zwischen Adoption und Pflegekindschaft gibt — wie etwa das italienische Institut der „affiliazione"[25] —, die Wirkungen zum Beispiel im Bereich des Namensrechtes haben können, die das an sich temporäre Unterhalts- und Erziehungsverhältnis überdauern. In jedem Fall wäre ein Kindschaftsverhältnis, das praktisch nach Belieben der Beteiligten aufgelöst werden kann, nicht als Adoption anzusehen.

B. Adoptionsentscheidung

Unter Adoptionsentscheidung wird hier jede Entscheidung eines nach der Rechtsordnung des ausländischen Staates für diese Frage zuständigen Staatsorgans — sei es ein Gericht oder eine Verwaltungsbehörde —

[22] Eine deutsche Fassung ist abgedruckt bei *Engler*, Auf dem Weg S. 127 - 134.

[23] Zur Inhaltsbestimmung vgl. *Staudinger - Engler*, § 1754 Anm. 33.

[24] Vgl. dazu *Staudinger - Engler*, vor § 1741 Anm. 72 - 84.

[25] Vgl. dazu etwa *Bauermann*, S. 105 f.; *Blume*, S. 55 f. Die „affiliazione" bedeutet keine vollständige Übertragung der elterlichen Gewalt, sondern nur eine Übertragung der Befugnis zur Ausübung daraus folgender Rechte, womit ein erleichtertes Wiederaufleben der Gewalt der leiblichen Eltern indiziert ist (vgl. *Bauermann*, S. 246). — Nach *Jayme*, StAZ 1974, 309, 314 liegt keine Adoption vor

verstanden, die über die Begründung eines Adoptionsverhältnisses getroffen wird.

In Vormundschaftsangelegenheiten erscheint die Zuständigkeitszuweisung an ein Gericht oder eine Verwaltungsbehörde weniger von Gerechtigkeitsgesichtspunkten bestimmt; sie wird vielmehr eher nach Zweckmäßigkeitsgesichtspunkten getroffen. Weiter ist zu beachten, daß im Ausland vielfach keine der deutschen freiwilligen Gerichtsbarkeit äquivalente Verfahrensform besteht. Entscheidend ist, welche materiellen Anforderungen vom deutschen Standpunkt aus an das jeweilige ausländische Verfahren zu stellen sind[26].

Die Tatsache, daß eine Behörde statt eines Gerichts über eine Adoption entschieden hat, war schon bisher in der Rechtsprechung unproblematisch[27]. Auch im Vergleich zum deutschen Adoptionsverfahren unterschiedliche Verfahrenstypen wurden überwiegend nicht als Anerkennungshindernis betrachtet. Der Grundsatz des internationalen Zivilprozeßrechts, daß Kollisionsnormen sich nur auf das materielle Recht beziehen, das Verfahrensrecht dagegen von der lex fori bestimmt wird, und die Regelung des Art. 11 Abs. 1 Satz 2 EGBGB, der für Rechtsgeschäfte die Ortsform genügen läßt, haben dazu beigetragen.

Probleme haben sich jedoch insofern ergeben, als die Abgrenzung zwischen materiellem Recht und Verfahrensrecht mit erheblichen Unsicherheiten belastet ist[28], so daß Gerichte je nach der von ihnen vorgenommenen Qualifikation unterschiedliche Ergebnisse erzielen konnten.

Unter der Geltung des früheren deutschen Adoptionsrechts, das eine Vertragsadoption vorsah, war häufig zu prüfen, ob eine Adoption durch Dekret eines Gerichtes oder einer Verwaltungsbehörde des Auslands anerkannt werden konnte.

Für die Fallgruppe der Adoption eines deutschen Kindes durch Ausländer (zumeist US-Amerikaner)im Ausland hat sich schon frühzeitig der Gedanke der Äquivalenz der durch Staatsakt und der durch bestätigten Vertrag begründeten Adoptionen durchgesetzt[29]. Auch im Fall

---

[26] Vgl. dazu Abschnitt II, C.

[27] BayObLGZ 1964, 385, 392 mwN. (Adoption durch polnische Vormundschaftsbehörde); auch BGHZ 19, 240, 246 (Entmündigung durch schweizerische Behörde). Zur Frage, ob die freiwillige Gerichtsbarkeit der Rechtsprechung oder Verwaltung zuzuordnen ist, vgl. *Habscheid,* Lb. S. 22 ff. Die zur Anerkennung ausländischer Verwaltungsakte entwickelten Grundsätze entsprechen im wesentlichen den für Akte freiwilliger Gerichtsbarkeit vertretenen (vgl. *Soergel / Siebert - Kegel,* vor Art. 7 EGBGB Anm. 393; zu Einzelfragen vgl. die Arbeit von *König,* Die Anerkennung ausländischer Verwaltungsakte.

[28] Vgl. etwa *Dölle,* RabelsZ 27 (1962) S. 201, 228 ff.

[29] OLG Karlsruhe StAZ 1958, 208, 210; BGH FamRZ 1960, 229, 231 und die bei AG Hamburg StAZ 1965, 157 gegebenen Nachweise; zu der Entscheidung selbst, kritisch *Randzio,* S. 164 f.

der Adoption ausländischer Kinder durch Deutsche war die Unterschiedlichkeit der Adoptionsformen zunächst nicht problematisch. Das BayObLG[30] sah keine Schwierigkeiten, die polnische Adoption durch Staatsakt zu der deutschen Vertragsadoption „zueinander in Verbindung zu setzen", weil es sich bei aller Verschiedenheit der beiden Adoptionsformen im Grunde um die gleiche Rechtseinrichtung der Adoption handele.

Gegen die Äquivalenzthese nahm jedoch das OLG Celle[31] in einer von J. Schröder kritisierten Entscheidung Stellung. Der staatliche Hoheitsakt eines australischen Gerichts könne rechtlich nicht als „vertragsähnliches Äquivalent" gewertet werden. Der Senat begründet seine Ansicht mit dem Hinweis auf Art. 22 Abs. 1 EGBGB i. V. m. § 1741 a. F. BGB, der gebiete, daß die Annahme an Kindes Statt stets durch Vertrag erfolge. Schröder schlägt dagegen vor, die Art und Weise des Zustandekommens der Annahme aus dem Adoptionsstatut des Art. 22 Abs. 1 auszugliedern und selbständig anzuknüpfen[32]. Dies könne entweder dadurch geschehen, daß im Wege der Qualifikation die Herstellung des Eltern-Kind-Verhältnisses dem Prozeßrecht zugeordnet wird, oder daß man die mit dem Adoptionsvorgang verbundenen Formalakte wie das gerichtlich bestätigte Rechtsgeschäft oder den parteilich erwirkten Gerichtsentscheid dem Formstatut des Art. 11 Abs. 1 Satz 2 EGBGB unterstellt, das auf die lex loci actus Bezug nimmt.

Für die hier zur Diskussion stehende Fallgruppe ist es nicht wesentlich, welchen Weg man beschreitet, da nach beiden Möglichkeiten die Beachtung des Ortsverfahrens ausreicht, eine grundsätzlich anerkennungsfähige Statusbegründung zu schaffen. Spätere Entscheidungen stellten denn auch z. T. eher auf den Gesichtspunkt des Prozeßrechts, z. T. eher auf den Gesichtspunkt des Formstatuts ab[33].

Der Frage, ob ein Adoptionsvertrag bestätigt oder ein Dekret erlassen wird, sollte keine für die Anerkennung wichtige Bedeutung zukommen. Entscheidend ist die materielle Beurteilung des Verfahrens, nicht der formelle Verfahrensabschluß. Beide Adoptionsformen sind in ihrer Funktion vertauschbar[34].

„Entscheidung" bedeutet weiter, daß das Gericht oder die Behörde nicht nur irgendwie mitgewirkt hat, sondern daß das Ergebnis des amtlichen Willensbildungsprozesses die Statusänderung herbeiführt. Es

---

30 BayObLGZ 1964, 385, 392; ebenso BayObLGZ 1968, 331, 335.

31 StAZ 1969, 216 f. mit Anm. *Schröder*, ebd. 217 ff.

32 Wie *Schröder* schon die Vorschläge des Deutschen Rates für IPR aus dem Jahre 1965, vgl. *Lauterbach*, S. 4, 33 f. und *Braga*, S. 182, 184 f.

33 z. B. AG Langenberg DAVorm 1972, 294 (Prozeßrecht), AG Hamburg DAVorm 1964, 330 (Formstatut).

34 So auch *Beitzke*, FamRZ 1976, 74, 79.

reicht nicht aus, daß eine rechtsgeschäftliche Adoption behördlich nur registriert wird, das Entscheidungsorgan muß selbst bewertet haben, daß der vorgesehene Rechtsakt eine Adoption und die damit notwendige Bereitschaft der Beteiligten, ein neues Eltern-Kind-Verhältnis auf Dauer zu begründen, gegeben ist. Dazu gehört eine Kontrollkompetenz, die über die Prüfung formeller Voraussetzungen wie ordnungsgemäße Vertretung, vorgeschriebene Beurkundung, Alter oder Staatsangehörigkeit der Beteiligten hinausgeht und bei Zweifeln an der Bereitschaft der Beteiligten, tatsächlich eine Adoption vornehmen zu wollen, dem Organ gestattet, den beantragten Rechtsakt zu versagen. Dabei ist es unschädlich, wenn das Entscheidungsorgan sich bei Teilaspekten der Entscheidungsfindung der Tätigkeit anderer Organe bedient und etwa die Verhältnisse der Adoptiveltern durch Auslandsbehörden, Jugendämter o. ä. feststellen läßt.

Diese Prüfungskompetenz ist mit einer Dekretadoption notwendig verbunden. Bei der Bestätigung eines privaten Adoptionsvertrages wird der Unterschied zur bloßen Registrierung etwa in Regelungen deutlich, die dem deutschen Adoptionsrecht vor der Reform von 1976 zugrunde lagen. Danach hatte das den Vertrag bestätigende Gericht zu untersuchen, ob begründete Zweifel daran bestehen, daß durch die Annahme ein dem Eltern-Kind-Verhältnis entsprechendes Familienband hergestellt werden soll (§ 1754 Abs. 2 Nr. 2 a. F. BGB). Diese Kontrolle wurde dadurch verstärkt, daß gem. § 1751 a. F. BGB das Vormundschaftsgericht den Vertragsschluß regelmäßig zu genehmigen hatte, was wiederum vom Bestätigungsgericht zu berücksichtigen war[35] (§ 1754 Abs. 2 Nr. 1 a. F.).

Im internationalen Scheidungsrecht wird für den Bereich der Privatscheidungen zum Teil eine andere Terminologie verwandt. Für eine „Entscheidung" i. S. Art. 7 § 1 FamRÄndG genüge eine nur registrierende Mitwirkung einer Behörde[36]. Diese Ausweitung des Begriffs „Entscheidung" ist durch das Bedürfnis bestimmt, möglichst alle ausländischen Ehescheidungen dem Anerkennungsverfahren nach Art. 7 § 1 zu unterwerfen[37], um im Interesse der Rechtssicherheit eine einheitliche

---

[35] Die Tatsache, daß das Bestätigungsgericht nicht zu untersuchen hat, ob bei der vormundschaftsgerichtlichen Genehmigung die Interessen des Kindes genügend berücksichtigt worden sind (vgl. *Staudinger - Engler,* § 1754 Anm. 30), ist ein Beispiel für die Aufteilung der Kontrollkompetenz unter verschiedene Organe.

[36] So z. B. OLG Düsseldorf FamRZ 1974, 528 und FamRZ 1976, 277; dagegen *Beitzke* FamRZ 1974, 532 und *Soergel / Siebert - Kegel,* Art. 17 EGBGB Anm. 66. — Der Rechtsprechung entspricht die Praxis aller Landesjustizverwaltungen, die Landesjustizverwaltungen Berlins und Nordrhein-Westfalens verzichten sogar auf jede amtliche Mitwirkung *(Otto,* FamRZ 1976, 279); vgl. auch *Staudinger - Gamillscheg,* § 328 ZPO Rz. 487 - 491.

[37] Dazu OLG Stuttgart FamRZ 1970, 30.

personenstandsrechtliche Praxis zu gewährleisten. Da ein vergleichbares Feststellungsverfahren für Adoptionen nicht besteht, ist dieser Gesichtspunkt auf das internationale Adoptionsrecht nicht übertragbar.

Die expansive Terminologie ist auch sachlich nicht gerechtfertigt, da sie das Problem, ob diese Anerkennungsvoraussetzungen den Regeln des internationalen Verfahrensrechts oder den für private Rechtsgeschäfte gültigen Regeln des Kollisionsrechts zu entnehmen sind, verdeckt[38].

C. Regelung der Anerkennung durch Staatsverträge

Staatsverträge, nach denen die Bundesrepublik verpflichtet wäre, ausländische Adoptionsentscheidungen anzuerkennen, bestehen noch nicht[39].

Das von der Haager Internationalen Privatrechtskonferenz ausgearbeitete Abkommen über die Zuständigkeit der Behörden, das anwendbare Recht und die Anerkennung von Entscheidungen auf dem Gebiet der Adoption vom 15. 11. 1965[40] ist von der Bundesrepublik noch nicht ratifiziert worden.

Das Europäische Abkommen über die Adoption von Kindern vom 24. 4. 1967[41] regelt Anerkennungsfragen nicht, sondern zielt auf Rechtsvereinheitlichung und ist zudem von der Bundesrepublik gleichfalls noch nicht ratifiziert.

Das Haager Minderjährigenschutzabkommen[42] von 1961 betrifft Maßnahmen zum Schutz der Person oder des Vermögens des Minderjährigen (Art. 1) und sieht eine Anerkennungsverpflichtung vor (Art. 7). Adoptionen sind jedoch den Schutzmaßnahmen dieses Abkommens nicht anzurechnen, sondern werden als eigenständiger Rechtsbereich betrachtet[43].

Das EWG-Abkommen über die gerichtliche Zuständigkeit und die Vollstreckung gerichtlicher Entscheidungen in Zivil- und Handelssachen vom 27. 9. 1968[44] findet auf Regelungen des Personenstandes und damit auf Adoptionen keine Anwendung (Art. 1 Nr. 1).

---

[38] Dies wird in der Entscheidung des OLG Düsseldorf FamRZ 1974, 529 insbes. 530 r. Sp. oben deutlich, worauf *Beitzke* in seiner Kritik ebd. S. 533 hinweist. Vgl. dazu auch Abschnitt II, C.

[39] Die Auswirkungen der von der Bundesrepublik Deutschland nicht ratifizierten Abkommen auf das internationale Adoptionsrecht behandelt *Delupis*, S. 14 ff.

[40] Actes et Doc., S. 399 ff. (28. 10. 1964). Das Haager Adoptionsabkommen wurde bisher erst von Österreich, Großbritannien und der Schweiz ratifiziert. Zur Haltung der USA vgl. *Jayme*, StAZ 1973, 229, 233 Fn. 55.

[41] Vgl. Fn. 22.

[42] Vgl. *Palandt - Heldrich*, Anh. zu Art. 23 EGBGB.

[43] Dazu *Kropholler*, S. 33 f., 37.

Die vorhandenen bilateralen Abkommen beschränken sich häufig auf vermögensrechtliche Ansprüche (Schweiz vom 2. 11. 1929)[45], oder schließen Entscheidungen der freiwilligen Gerichtsbarkeit durch Formulierungen wie „in Zivil- und Handelssachen ergangene Entscheidungen der bürgerlichen Gerichte" aus (Italien vom 9. 3. 1936)[46].

Zum Teil werden Familienstandssachen ganz oder teilweise ausgeschlossen (Österreich vom 6. 6. 1959 Art. 14[47], Niederlande vom 30. 8. 1962 Art. I Ziff. 3 b[48], Tunesien vom 19. 7. 1966 Art. 28 Abs. 1 [nur Ehe- und Unterhaltssachen[49]]), zum Teil werden von den Angelegenheiten der freiwilligen Gerichtsbarkeit nur die Streitsachen einbezogen (Griechenland vom 4. 11. 1961 Art. I[50]), indem auf die Entscheidung über „Ansprüche" abgehoben wird oder nur rechtskraftfähige Entscheidungen Berücksichtigung finden (Belgien vom 30. 6. 1958 Art. 1)[51].

Das deutsch-britische Abkommen vom 14. 7. 1960 schließt Entscheidungen der „unteren Gerichte", die für Adoptionen zuständig wären, von der Anerkennung aus (Art. II i. V. m. Art. I Abs. 2)[52].

---

44 Vgl. *St./J. - Schumann / Leipold,* Anh. A III 1 zu § 328 ZPO.

45 *St./J. - Schumann / Leipold,* Anh. B I zu § 328 ZPO.

46 Ebd. Art. I Anh. B II; vgl. auch ebd. Fn. 2.— Zur Abgrenzung zwischen Urteilen und Akten der freiwilligen Gerichtsbarkeit vgl. *Soergel / Siebert - Kegel,* vor Art. 7 EGBGB Anm. 395.

47 Ebd. Anh. B IV.

48 Ebd. Anh. B VII.

49 Ebd. Anh. B VIII.

50 Ebd. Anh. B VI, insbes. Fn. 3.

51 Ebd. Anh. B III, insbes. Fn. 5.

52 Ebd. Anh. B V.

II. Anerkennungsvoraussetzungen

A. Internationale Zuständigkeit

Nach allgemeiner Ansicht ist die internationale Zuständigkeit des Entscheidungsgerichts[53] Anerkennungsvorausestzung[54]. Was sich hinter diesem „chameleon concept"[55] verbirgt, ist allerdings alles andere als eindeutig[56].

Das Völkerrecht setzt allenfalls gewisse äußere Schranken, die bestimmen, wann die internationale Zuständigkeit nicht gegeben, ihre Inanspruchnahme also völkerrechtswidrig ist[57]. Schlosser zum Beispiel zieht diese Grenze, wenn es überhaupt an einem vernünftigen Anknüpfungspunkt für die Zuständigkeit der nationalen Gerichte fehlt[58].

Im Anerkennungszusammenhang ist es die Funktion der internationalen Zuständigkeit, zu bestimmen, ob die Gerichte oder Behörden des ausländischen Staates vom deutschen Standpunkt aus für hinreichend sachnah gehalten werden, um ihrer Entscheidung eine Richtigkeitsvermutung zuzuerkennen. Sachnähe im Rahmen der internationalen Zuständigkeit wird regelmäßig primär auf die räumliche Beziehung der entscheidenden Institution zu dem relevanten Rechtsverhältnis bezogen, weil dies zumindest teilweise die Berücksichtigung der materiellen Interessen der beteiligten Parteien, der Gerichte usw.[59] garantiert. Damit läßt sich eine Korrelation zu den nationalen Regeln über die örtliche Zuständigkeit erzielen[60].

---

[53] Im folgenden steht „Gericht" für „Entscheidungsorgan".

[54] Etwa BGH NJW 1977, 150; Deutscher Rat für Internationales Privatrecht, Vorschlag II B, in: *Lauterbach*, S. 4, 33 f.

[55] *Ehrenzweig / Jayme*, Special Part S. 237 (im Zusammenhang mit BayObLGZ 1968, 331 ff.).

[56] *W. Jellinek*, S. 26 unterscheidet in diesem Zusammenhang zwischen „Befolgungsregeln", die Auskunft darüber geben, welche Zuständigkeiten die inländischen Gerichte selbst wahrnehmen sollen, und „Beurteilungsregeln", die angeben, welche Zuständigkeit ein Staat bei anderen Staaten anerkennen will.

[57] *Schröder* (Vortrag S. 134) beruft sich auf *Jellinek*, S. 218: „wenn sich nicht ein Minimum von beachtlicher Beziehung zwischen dem Gerichtsstand und der Streitsache nachweisen läßt".

[58] *Schlosser*, ZZP 79 (1966) S. 164, 176.

[59] Vgl. die Analyse von *Schröder*, Intern. Zuständigkeit.

[60] *Heldrich*, Vortrag S. 102.

Ein ausländisches Gericht ist demnach dann nicht international zuständig, wenn in der Bundesrepublik ein ausschließlicher Gerichtsstand besteht[61]. Im Fall konkurrierender internationaler Zuständigkeit kann die Zuständigkeit des anderen Staates im Wege einer „Spiegelung" der Gerichtsstandsvorschriften ermittelt werden: Stellt die Bundesrepublik in einem entsprechenden Fall einem Ausländer seine Gerichte zur Verfügung, ist auch ein ausländisches Gericht international zuständig, an das sich ein Deutscher wendet[62].

Darüber hinaus werden weitere, regelmäßig subsidiäre Anknüpfungsmomente in Aufenthalt, Staatsangehörigkeit, maßgeblichem Sachstatut, Fürsorgebedürfnis oder Verweisung gesehen[63].

In der Rechtsprechung der oberen Gerichte und einem Teil der Literatur[64] zeichnet sich die Tendenz ab, für den Fall, daß Deutsche mit Wohnsitz in der Bundesrepublik im Ausland ein ausländisches Kind annehmen, auf der ausschließlichen Zuständigkeit deutscher Gerichte zu bestehen. Die Begründungen sind allerdings uneinheitlich.

Zum Teil wurde die internationale Zuständigkeit nur an die Regeln über die örtliche Zuständigkeit angeknüpft und aus § 66 a. F. FGG die Ausschließlichkeit hergeleitet. Andere Entscheidungen stellten die Notwendigkeit eines „Gleichlaufs" von materiellem Recht nach Art. 22 Abs. 1 EGBGB und deutschem Verfahrensrecht in den Vordergrund oder beriefen sich — mehr rechtspolitisch — auf Erwägungen über die Notwendigkeit dieser Adoptionen.

Hinsichtlich des ersten Arguments ist zu beachten, daß § 66 a. F. FGG im Rahmen der Adoptionsreform aufgehoben wurde[65]. Die örtliche Zuständigkeit in Adoptionssachen bestimmt sich jetzt nach dem neu ein-

---

[61] Die begriffliche Gliederung in „ausschließliche" und „konkurrierende" Zuständigkeit ist freilich ebenso der Kritik unterworfen wie das Konzept der internationalen Zuständigkeit selbst (vgl. etwa Diskussionsbeitrag *Matscher* in Berichte der Deutschen Gesellschaft für Völkerrecht S. 260 ff.), da das für die Anerkennung ausländischer Entscheidungen zu fordernde Nahverhältnis zwischen Streitgegenstand und Gericht dogmatisch auf einer anderen Ebene liegt als der Begriff der Zuständigkeit im Erkenntnisverfahren. Da sich diese Begriffe in der deutschen Diskussion auch im anerkennungsrechtlichen Zusammenhang durchgesetzt haben, sollen sie auch hier beibehalten werden.

[62] *Schwimann* (RabelsZ 38 [1974] S. 571, 575 ff.) kritisiert den „selbstverständlichen Automatismus" dieses Vorgangs und bevorzugt eine am Schutz der maßgeblichen Individualinteressen ausgerichtete Bestimmung der internationalen Zuständigkeit.

[63] Übersicht bei *Kegel*, Lb. (§ 20 X 3) S. 435 f.

[64] Nachweise bei *Randzio*, S. 202 ff.

[65] Aus § 66 Abs. 2 a. F. FGG hat das BayObLG eine ausschließliche internationale Zuständigkeit deutscher Gerichte in BayObLGZ 1972, 282, 285 f. gefolgert; dagegen: OLG Zweibrücken FamRZ 1969, 222, 223; BayObLGZ 1968, 331, 338; dahingestellt: BayObLGZ 1964, 385, 390; OLG Celle StAZ 1969, 216 f.; OLG Frankfurt NJW 1974, 2188.

gefügten § 43 b FGG[66]. Für die hier diskutierte Fallgruppe sind folgende Bestimmungen dieser Vorschrift wesentlich:

— Für Angelegenheiten, die die Annahme eines Kindes betreffen, ist das Gericht zuständig, in dessen Bezirk der Annehmende seinen Wohnsitz (...) hat (Abs. 1 Satz 1).

— Ist der Annehmende Deutscher und hat er im Inland weder Wohnsitz noch Aufenthalt, so ist *auch* das AG Schöneberg (...) zuständig (Abs. 2 Satz 1).

Gegenüber § 66 a. F. ergibt sich eine hier relevante Veränderung nur insofern, als in Abs. 2 Satz 1 ein „auch" eingefügt wurde. Diese Änderung soll klarstellen, daß die Zuständigkeit nach Abs. 2 und 3, also in den Fällen, in denen der Annehmende im Inland weder Wohnsitz noch Aufenthalt hat, nicht ausschließlich sind[67].

Damit liegt der Umkehrschluß nahe, Abs. 1 bestimme für den Fall des Deutschen mit Wohnsitz oder Aufenthalt in Deutschland eine ausschließliche Zuständigkeit[68].

Dafür spricht, daß der Rechtsausschuß die Klarstellungen gerade auch mit Hinblick auf die internationale Zuständigkeit und die sich daraus für die Anerkennung ergebenden Konsequenzen getroffen hat, demnach bei Abs. 1 möglicherweise „beredt" geschwiegen hat.

Andererseits ist der Umkehrschluß nicht zwingend. Wird für die Fälle der Abs. 2 und 3 klargestellt, daß keine ausschließliche internationale Zuständigkeit bestehe, so bedeutet das Fehlen einer entsprechenden Formulierung in Abs. 1 zunächst nur, daß hier keine Regelung bezüglich der internationalen Zuständigkeit getroffen wurde.

Bei Abs. 2 und 3 mag es besonders sinnvoll sein, die nur konkurrierende internationale Zuständigkeit klarzustellen, weil beide Vorschriften im Gegensatz zu Abs. 1 von der Staatsangehörigkeit ausgehen und unter Hinweis auf die Notwendigkeit eines Gleichlaufs von materiellem Adoptionsstatut (Art. 22 Abs. 1 EGBGB) und Verfahrensrecht die ausschließliche Zuständigkeit entweder deutscher Gerichte im Fall des Abs. 2 oder der Gerichte des Heimatstaates des oder der Annehmenden im Fall des Abs. 3 gefordert werden könnte. Bei Abs. 2 war ein deutsches Gleichlaufpostulat aufzugeben, bei Abs. 3 klarzustellen, daß das Gleichlaufargument jedoch insofern berechtigt bleibt, als es eine Anerkennung ausländischer Entscheidungen, die darauf beruhen, nahelegt[69].

Zieht der deutsche Gesetzgeber für seinen Jurisdiktionsbereich vor, die Zuständigkeit beim Annehmenden zu konzentrieren, statt beim

---

[66] Zur bemerkenswerten Entstehungsgeschichte dieser Vorschrift vgl. *Magnus / Münzel*, StAZ 1977, 65, 75 und *Beitzke*, FamRZ 1976, 507 ff.

[67] Begr. Rechtsausschuß BT Drs. 7/5087 S. 23.

[68] Dies ist die Ansicht von *Roth-Stielow*, § 43 b FGG Anm. 7.

[69] Zu diesem Gesichtspunkt vgl. BT Drs. 7/5087 S. 23.

Kind, wie es der Regierungsentwurf[70] noch vorgesehen hatte, so ist damit nicht gesagt, daß andere Anknüpfungen des Auslands nicht respektiert werden können.

„Auch“ kann daher und nach dem Wortsinn so interpretiert werden, daß zusätzlich zu der an sich für sachgerecht gehaltenen Wohnsitz- und Aufenthaltszuständigkeit beim Annehmenden die Staatsangehörigkeit des Annehmenden (Abs. 2) oder der Wohnsitz oder Aufenthalt und die Staatsangehörigkeit des Kindes zuständigkeitsbegründend sein können.

Auch vom Zweck des Gesetzes ist eine Interpretation, die Abs. 1 als Regelung einer ausschließlichen Zuständigkeit begreift, nicht geboten.

Der Gesetzgeber ging von der zutreffenden Erwägung aus, daß das Gericht am Wohnsitz des Annehmenden dessen Verhältnisse und die zu erwartende Integration des Adoptivkindes in die Familie besser beurteilen könne als etwa das nach Vormundschaftsrecht (§ 36 FGG) für das Kind zuständige Gericht[71].

Diese rechtspolitische Zielsetzung wurde jedoch durch die subsidiäre Anknüpfung an den Aufenthalt des Annehmenden ausgehöhlt. „Aufenthalt“ ist nicht „gewöhnlicher Aufenthalt“, sondern ist unabhängig von Dauer, Anlaß usw. „schlichter Aufenthalt“ und damit häufig kaum geeignet, eine Beurteilungsbasis für das Wohl des Kindes abzugeben, insbesondere in den Fällen, in denen sich der Wohnsitz oder gewöhnliche Aufenthalt des Annehmenden im Ausland befindet[72].

Es erscheint jedenfalls nicht sachgerecht, einem ausländischen oder deutschen Annahmewilligen, der zum Zweck der Adoption kurz nach Deutschland reist, obwohl seine Lebensgrundlage im Ausland ist, nicht nur mit einem Gerichtsstand zu belohnen, sondern diesen Gerichtsstand der „Durchreise“ auch noch als international ausschließlichen anzusehen[73].

Fehlt aber für den Fall des Aufenthaltes eine sachliche Grundlage, hätte ein Anspruch auf internationale Exklusivität deutscher Gerichte im Fall des Wohnsitzes des Annehmenden in Deutschland ausdrücklich erhoben werden müssen, zumal jedenfalls die in der Literatur überwiegende Auffassung dahin geht, daß konkurrierende internationale Zuständigkeiten auch im Bereich der freiwilligen Gerichtsbarkeit die Regel, ausschließliche die Ausnahme bilden[74].

---

[70] Zu entsprechenden Überlegungen für das US-Recht vgl. etwa *Baade*, 40 NCLRev. (1962) S. 691, 699.

[71] Dazu vgl. *Roth-Stielow*, § 43 b FGG Anm. 5.

[72] Vgl. *Roth-Stielow*, ebd.

[73] Einen ähnlichen Fall bildet *Beitzke*, FamRZ 1976, 507, 510.

[74] *Heldrich*, Vortrag S. 16; *Schurig*, NJW 1975, 503; auch BayObLGZ 1959, 8.

Weiterhin zeigt auch die Zulassung von „Fernadoptionen" beim Amtsgericht Schöneberg, einem Gerichtsstand, zu dem weder Annehmende noch Adoptivkind eine räumliche Beziehung haben, die Relativität der in Abs. 1 vertretenen Zielsetzung sachgerechter Entscheidungsmöglichkeit.

Eingehendere Äußerungen der Rechtsprechung zu § 43 b liegen — soweit ersichtlich — bis jetzt noch nicht vor[75], in der Literatur wird § 43 Abs. 1 mit Ausnahme von Roth-Stielow nicht als Regelung einer ausschließlichen Zuständigkeit verstanden[76].

Jayme[77] begründet die internationale Zuständigkeit des Heimatstaates des Kindes auch bei Annehmenden mit Wohnsitz in der Bundesrepublik mit der Spiegelungsmöglichkeit des Abs. 3, wobei jedoch anzumerken ist, daß die Spiegelung nur im Fall einer Fernadoption vollkommen ist, d. h. wenn die Annehmenden sich nicht im Kindesstaat aufhalten. Da die persönliche Teilnahme am Adoptionsverfahren einer Fernadoption regelmäßig vorzuziehen ist, ist die Fernadoption zuständigkeitsmäßig nicht zu bevorzugen.

Kegel[78] entnimmt § 43 b eine internationale Aufenthaltszuständigkeit für den Annehmenden und eine Staatsangehörigkeitszuständigkeit für den Annehmenden oder das Kind. Auch Beitzke[79] zieht die Hilfszuständigkeit am Wohnsitz des Kindes (Abs. 3) heran und argumentiert, daß im Interesse des ausländischen Kindes ein Bedürfnis nach Anerkennung bestünde, das nicht an Zuständigkeitsfragen scheitern sollte.

Kann damit § 43 b eine deutsche ausschließliche Zuständigkeit nicht entnommen werden, bleibt zu untersuchen, welche anderen Erwägungen gegen eine konkurrierende internationale Zuständigkeit geltend gemacht werden können.

Wohl erstmals in der Entscheidung des BayObLG aus dem Jahre 1968[80] wird auf die Wertungen, die den verschiedenen Lösungen der Zuständigkeitsfrage zugrundeliegen, eingegangen.

Es geht um die Besorgnis, insbesondere das minderjährige Kind werde bei Anwendung ausländischen Rechts hinsichtlich der Voraussetzungen und Wirkungen der Adoption nicht hinreichend geschützt[81]. Weiterhin

---

[75] Das AG Stuttgart folgert in einer Entscheidung vom 29. 9. 1978 (StAZ 1979, 152) aus dem Wegfall des § 66 FGG die Aufgabe der ausschließlichen Zuständigkeit.

[76] Nachweise bei *Palandt - Heldrich*, Anm. 4 c zu Art. 22 EGBGB.

[77] StAZ 1976, 246.

[78] Lehrbuch S. 435 f.

[79] FamRZ 1976, 507, 510.

[80] BayObLGZ 1968, 331, 339 f.

[81] Im vorliegenden Fall ging es allerdings um ein deutsches Kind, so daß Art. 22 Abs. 2 EGBGB zu berücksichtigen war.

soll die Anwendung des Heimatrechts des deutschen Annehmenden (Gleichlauf) gesichert werden. Schließlich soll das Entscheidungsgericht die Möglichkeit haben, Familienverhältnisse und Eignung der Wahleltern zu überprüfen.

Der 3. Zivilsenat des BayObLG[82] begründete eine ausschließliche Zuständigkeit im Anschluß an Firsching[83] damit, daß die Person des Annehmenden der Adoption ihr Gepräge gebe, deren Statusveränderung im Mittelpunkt stehe. Ferner sei dem Gebot der Rechtssicherheit in Statussachen der Vorrang vor Billigkeitserwägungen zu geben. Schließlich bestehe für die konkurrierende Zuständigkeit eines ausländischen Gerichts keine „anerkennungswerte Notwendigkeit", sie müßte zu Manipulationen geradezu herausfordern.

Dem schloß sich das OLG Frankfurt[84] an, das zusätzlich das Argument der Sachnähe für die Überprüfung der Verhältnisse des Annehmenden in den Vordergrund stellt.

Ähnliche Argumente finden sich in der Literatur[85].

Dem Gesichtspunkt der sachnahen Überprüfung mißt zwar § 43 b FGG — wie dargestellt — keine überragende Bedeutung zu; gleichwohl ist das Argument sehr wichtig. Insbesondere der Internationale Sozialdienst hat sich immer wieder dafür eingesetzt, daß eine rechtswirksame Adoption erst dann vorgenommen werden sollte, wenn die Integration des Kindes in die neue Familie sichergestellt ist[86].

Freilich dürfte diese ideale Lösung regelmäßig nur für Adoptionen zu verwirklichen sein, bei denen Kind und Wahleltern zumindest für einige Zeit in demselben Land leben. Jedenfalls bei entfernteren Heimatländern der Kinder erscheint es nicht vertretbar, sie gleichsam „auf Probe" nach Deutschland einzufliegen und dann gegebenenfalls wieder zurückzusenden[87].

Außerdem ist die Ermittlung der Frage, ob die Integration des Kindes positiv verläuft, mit erheblichen Unsicherheitsfaktoren belastet, die zum Teil in der Unbestimmtheit der anzulegenden Maßstäbe, zum Teil einfach in den personell und technisch begrenzten Kontrollmöglichkeiten der dazu berufenen Stellen ihre Ursache haben. Daher kann die rechts-

---

[82] BayObLGZ 1972, 282, 285 f.

[83] Rpfleger 1972, 1 ff.

[84] NJW 1974, 2188 m. Anm. *Schurig,* NJW 1975, 503.

[85] Etwa *Erman - Marquordt,* Art. 22 EGBGB Anm. 32.

[86] Auskunft der Geschäftsführerin des deutschen Zweiges, Frankfurt, Frau *I. Baer* vom 20. 3. 1978 an den Verf. und StAZ 1977, 33, 38; vgl. schon die „Observations" in Actes et Doc., S. 65 ff., 74 und 80 (Ziff. VII); vgl. auch *Ukkon,* StAZ 1977, 40, 42 (für die korean. Rechtslage).

[87] Vgl. *Schurig,* FamRZ 1973, 178; auf ähnliche Gefahren für das Kind bei inländischen Adoptionen weist *Engler,* Auf dem Weg S. 82 hin.

politische Entscheidung eines Staates, eine Adoption auch schon vor dem Nachweis positiver Integration vorzunehmen, der etwa durch eine erfolgreiche Probezeit erbracht werden könnte, nicht von vornherein abgelehnt werden.

Hinzu kommt, daß die Gerichte am Entscheidungsort zwar oft die Verhältnisse der Annehmenden nicht so gut zu überblicken vermögen, dafür aber die Verhältnisse des Kindes besser beurteilen können. Insbesondere, wenn das Kind aus einem Staat mit von den deutschen gänzlich verschiedenen kulturellen, zivilisatorischen und ethnischen Gegebenheiten kommt, erscheint es besonders wichtig, bereits im Heimatstaat zu prüfen, ob es für das Kind wirklich vorteilhaft ist, aus der gewohnten Umwelt herausgenommen und den Auswirkungen westlicher Zivilisation ausgesetzt zu werden. Der Vorteil mag in vielen Fällen humanitärer Adoptionen nach Kriegen oder Naturkatastrophen auf der Hand liegen, in anderen Fällen kann es fraglich sein, ob das Kind nicht sogar in einem einheimischen Waisenhaus besser aufgehoben ist als in der deutschen Umgebung.

Für diese Prüfung sind die Gerichte und Behörden des Heimatstaates des Kindes sachnäher als deutsche Gerichte.

Dieselbe Erwägung liegt im übrigen auch der international-verfahrensrechtlichen Regelung des Art. 22 Abs. 2 EGBGB zugrunde, nach der das deutsche Vormundschaftsgericht die Einwilligung eines deutschen Kindes zur Annahme durch Ausländer zu genehmigen hat. Das Genehmigungsverfahren erfordert es, die künftigen Lebensbedingungen des Kindes im Ausland zu überprüfen[88]. Sind die deutschen Gerichte aber in der Lage, diese Informationen einzuholen, sollte ausländischen Gerichten nicht die Fähigkeit abgesprochen werden, in gleicher Weise Informationen über die deutschen Wahleltern und ihre Lebensumstände in das ausländische Adoptionsverfahren einzubeziehen.

Hinzu kommt ein anerkennenswertes Fürsorgeinteresse des Heimatstaates, das Kind erst nach der Adoption im Inland ausreisen zu lassen[89], um die Rechtsstellung des Kindes klarzustellen und nicht von dem ungewissen Ausgang des Annahmeverfahrens in Deutschland abhängig zu machen.

Freilich ist die Gefahr nicht von der Hand zu weisen, daß in Staaten, in denen die öffentliche Kontrolle über die Adoptionsvermittlung und die Anforderungen des Adoptionsverfahrens weit hinter den Maßstäben der Bundesrepublik zurückbleiben, Mißstände wie sogar Kinderhandel usw.[90] auftreten können. Dies kann jedoch nicht als Argument dafür die-

---

[88] Vgl *Roth-Stielow*, Art. 22 EGBGB Anm. 2.

[89] Wie z. B. im ehemaligen Südvietnam vgl. Fn. 1.

[90] Vgl Bericht von *Magnus / Münzel*, StAZ 1977, 65, 68.

nen, die internationale Zuständigkeit für Adoptionen durch Deutsche in Deutschland zu konzentrieren, sondern nur dafür, im konkreten Einzelfall, wenn Anlaß dazu besteht, etwa nach den Grundsätzen des ordre public die Anerkennung zu versagen und eine Neuvornahme der Adoption vorzusehen.

In diesem Zusammenhang ist zu erwähnen, daß in der Literatur[91] die Auffassung vertreten wird, die Wahrnehmung deutscher öffentlicher Interessen könne jedenfalls durch Entscheidungen ausländischer Gerichte oder Behörden nicht ersetzt werden. Es könnte argumentiert werden, ein „öffentliches Interesse" bei einer Auslandsadoption sei darin zu sehen, daß die Bundesrepublik ein Fürsorgeinteresse daran habe, daß nur Adoptivkinder nach Deutschland gebracht werden, bei denen die zumindest relative Gewähr bestehe, daß das Kind in die deutsche Familie integriert wird. Daraus zu folgern, daß die Adoptionsentscheidung von deutschen Stellen getroffen werden müsse, erscheint jedoch ungerechtfertigt, weil die Prüfung der privaten Interessen des Kindes, seiner leiblichen Eltern und der Wahleltern in der Weise mit dem genannten öffentlichen Interesse koinzidiert, daß eine davon unabhängige Wahrnehmung öffentlicher Belange nicht notwendig erscheint[92].

Was den Gedanken der Rechtssicherheit angeht, den insbesondere auch Firsching[93] hervorhebt, scheint der Wunsch nach eindeutigen Rechtsverhältnissen für die Beteiligten im Vordergrund zu stehen, ein Gedanke, der vielfach dazu geführt hat, die Wiederholung der Adoption in Deutschland anzuregen[94], und der von den Schwierigkeiten der Praxis, häufig schwer ermittelbares ausländisches Recht zu bewerten, mitbestimmt ist.

Es ist jedoch bereits fraglich, ob der Gesichtspunkt der internationalen Zuständigkeit geeignet ist, diesen Bedenken Rechnung zu tragen. Das Argument zielt generell gegen eine Anerkennung aus Gründen der Schwierigkeiten für das deutsche Rechtssystem, ohne auf die Frage der räumlichen Sachnähe oder die sonstigen Anknüpfungsmomente (z. B. Fürsorge, Staatsangehörigkeit) ausländischer Stellen Bezug zu nehmen. Der deutsche Gesetzgeber kann sich freilich auch von solchen eher justizadministrativen Gesichtspunkten leiten lassen, um einen ausschließlichen Gerichtsstand zu normieren. Ist dies jedoch nicht geschehen, treten diese Zweckmäßigkeitserwägungen, deren Berechtigung überdies wesentlich von der Frage abhängt, welches Recht die Wirkungen der Auslandsadoption bestimmt, gegenüber den Vorteilen einer An-

---

[91] Etwa *Neuhaus*, Grundbegriffe, S. 429 f.; schon FamRZ 1959, 483.

[92] So auch *Schäfer*, S. 44.

[93] Familienrecht S. 164.

[94] Zuletzt etwa *Magnus / Münzel*, StAZ 1977, 65, 71.

erkennung für den internationalen Rechtsverkehr[95], wie insbesondere den internationalen Entscheidungseinklang, in den Hintergrund.

Das Argument, es bestehe kein „anerkennungswertes Bedürfnis"[96] für Auslandsadoptionen durch Deutsche, kann — abgesehen von seiner Allgemeinheit — eine deutsche ausschließliche Zuständigkeit für diese Fallgruppe gleichfalls nicht stützen. Ausländische Fora sind dann notwendig, wenn die vorherige Adoption zur Bedingung für die Ausreise des Kindes gemacht ist, und selbst wenn deutsche Adoptionswillige nur durch Überlegungen der Konvenienz[97] geleitet sind, im Ausland zu adoptieren, bleibt zu fragen, ob auch dieses Bedürfnis nicht schon deswegen anerkennenswert sein sollte, weil die deutsche Praxis zumindest in den Fällen, in denen die Anerkennung der deutschen Adoption durch den Aufenthaltsstaat der (meist US-amerikanischen) Wahleltern gesichert war, sich nicht gescheut hat, Adoptionen deutscher Kinder durch Ausländer regelmäßig sogar nach der Formel von der „versteckten Rückverweisung" unter Anwendung des ehemaligen deutschen Adoptionsvertragsrechts anzusprechen[98]. Der deutschen Adoptions- und Adoptionsvermittlungspraxis wird kaum ein so universeller Modellcharakter zugesprochen werden können, daß die internationale Zuständigkeit deutscher Gerichte in wesentlich weiterem Umfang gerechtfertigt werden könnte, als man sie ausländischen Gerichten oder Behörden zugestehen will[99].

Schließlich ist zu berücksichtigen, daß die Zuerkennung einer internationalen Zuständigkeit nicht bedeutet, daß die Wahl eines ausländischen Forums für in jeder Beziehung ideal gehalten wird. Abgesehen davon, daß § 43 b FGG die Forderung nach einem idealen Forum nicht entnommen werden kann, ist es dem Wohl des Kindes regelmäßig abträglicher, seinen im Ausland geänderten Status einer erneuten — diesmal inländischen — Kontrolle zu unterwerfen, oder es möglicherweise sogar in sein Heimatland zurückzuschicken, in dem es als Adoptivkind seiner Wahleltern gilt, als die Auslandsadoption grundsätzlich zu akzeptieren, jedenfalls unter den Voraussetzungen, die im folgenden zu erörtern sind.

Es bleiben die Argumente, die auf einen Gleichlauf hinzielen. Hierzu ist der Gedanke zu rechnen, daß nach Art. 22 Abs. 1 EGBGB die Status-

---

[95] Dazu näher unten S. 46 f.

[96] Vgl. BayObLGZ 1972, 282, 286.

[97] Vgl. *Neuhaus*, Grundbegriffe S. 51, 52: in diesen Fällen seien die mehreren Gerichtsstände bewußt unter dem Gesichtspunkt der Begünstigung der Beteiligten gegeben.

[98] Zur Kritik dieser Praxis vgl. *Wengler*, NJW 1959, 127; *Hanisch*, NJW 1966, 2085 ff.; *Randzio*, S. 145 ff.; *Oberloskamp*, Diss. S. 118 ff.; *Beitzke*, RabelsZ 37 (1973) 380 ff.; *Gündisch*, FamRZ 1961, 352 ff.

[99] Ähnlich *Heldrich*, Vortrag S. 130.

veränderung des Annehmenden im Mittelpunkt stehe, was im übrigen seit der Neuregelung des Adoptionsrechts, die beinahe ausschließlich am Wohl des Kindes orientiert ist, nicht mehr zutrifft, oder die Erwägung, daß sachliche Voraussetzungen des deutschen Rechts zu beachten seien, sowie die Frage, inwieweit die Schutzfunktion deutscher Sach- und Verfahrensnormen im ausländischen Verfahren Beachtung finde. Es geht um den Umfang des Geltungsanspruchs deutschen Rechts im ausländischen Verfahren und damit um einen Unterfall des generellen ordre-public-Gedankens, der bei der Frage nach einer analogen Anwendung des § 328 Abs. 1 Nr. 3 ZPO berücksichtigt werden soll.

Da die Untersuchung sich auf Adoptivkinder beschränkt, die in ihrem Heimatstaat, d. h. dem Staat, dem sie angehören und in dem sie ihren gewöhnlichen Aufenthalt haben, adoptiert werden, ist auf die komplexen Probleme, die sich etwa bei Adoptionen in Drittländern im Bereich der internationalen Zuständigkeit ergeben, nicht einzugehen.

Der Heimatstaat des Kindes jedenfalls ist international zuständig[100].

B. „Richtiges" materielles Recht

Das deutsche Recht[101] stellt folgende materielle Voraussetzungen für das Zustandekommen einer Annahme als Kind auf: Die Adoption muß dem Wohl des Kindes dienen und es muß zu erwarten sein, daß zwischen Annehmendem und Kind ein Eltern-Kind-Verhältnis entsteht (§ 1741 Abs. 1 BGB). Der Annehmende bzw. die Adoptiveltern müssen bestimmte Alterserfordernisse erfüllen (§ 1743 Abs. 1 bis 3) und unbeschränkt geschäftsfähig sein (§ 1743 Abs. 4). Überwiegende Interessen der Kinder des Annehmenden dürfen nicht entgegenstehen (§ 1745). Die Einwilligung des Kindes — entweder selbst oder (ersetzbar) durch seinen gesetzlichen Vertreter — ist ebenso erforderlich wie grundsätzlich die Einwilligung seiner Eltern (§ 1747). Schließlich ist ein notariell beurkundeter Antrag des Annehmenden erforderlich (§ 1752). Eine Pflegezeit als Probezeit „soll in der Regel" der Annahme vorausgehen (§ 1744).

Sieht das Recht des Heimatstaates des Kindes für internationale Adoptionen hinsichtlich der materiellen Voraussetzungen die Anwendung des Rechts der Adoptiveltern oder die kumulative Anwendung dieses Rechts mit dem eigenen Recht vor, können sich Probleme gleichwohl daraus ergeben, daß die Beurteilung und Ausfüllung der unbe-

[100] *Schurig* (StAZ 1973, 33, 36) betont hier den Gesichtspunkt der Fürsorgezuständigkeit.

[101] Gesetz über die Annahme als Kind und zur Änderung anderer Vorschriften vom 2. Juli 1976 (BGBl. I S. 1749). Einen — wenngleich vielfach überholten — rechtsvergleichenden Überblick gibt *Glässing*. Vgl. auch die sehr knappe Zusammenfassung von *Krause*, S. 85 f.

stimmten Rechtsbegriffe wie „Wohl des Kindes“ oder Prognosen über das zu erwartende Eltern-Kind-Verhältnis möglicherweise anhand anderer Maßstäbe vorgenommen werden, als deutsche Gerichte es tun würden. Unterschiedliche Traditionen im Familienrecht, ein unterschiedlicher Ausbildungsstand der mit Adoptionsentscheidungen betrauten Richter oder Beamten oder vor allem fehlende oder fehlerhafte Information über das anwendbare deutsche Recht und seine Interpretation können das Ergebnis beeinflussen.

Neben dem Grundsatz der Gleichwertigkeit der Gerichte[102] ist hier das weitere, damit zusammenhängende Prinzip des Internationalen Privatrechts zu beachten, daß die falsche Auslegung richtigen Rechts nicht schadet[103], sondern als zwar unerwünschte, aber nicht völlig vermeidbare Folge der Anwendung fremden Rechts durch ein international zuständiges Gericht in Kauf genommen werden muß. Immerhin scheint die Anwendung fremden Rechts eine höhere Wahrscheinlichkeit sachgerechter Ergebnisse zu bieten als ein Rückzug auf die generelle Anwendung der lex fori[104]. Jedenfalls ist die lex-fori-Theorie, die mit dem Namen Ehrenzweigs[105] verbunden ist, nicht das den Statusvorschriften des EGBGB zugrundeliegende Konzept.

Falsche Auslegung deutschen Rechts beeinträchtigt somit die Wirksamkeit und damit Anerkennungsfähigkeit einer ausländischen Entscheidung nicht[106], zumal nur eine révision au fond Klarheit über eine Fehlinterpretation schaffen könnte, die gerade vermieden werden soll.

Beurteilt das ausländische Adoptionsgericht die Voraussetzungen ausschließlich nach der eigenen lex fori, die inhaltlich nicht mit dem deutschen Recht übereinstimmt, setzt es sich in Widerspruch zu Art. 22 Abs. 1 EGBGB, der die Anwendung des Personalstatuts der deutschen Annehmenden vorschreibt. Inwieweit dieser Widerspruch Anerkennungshindernis ist, ist umstritten[107].

Es geht um die Eigenständigkeit von Anerkennungsgrundsätzen des internationalen Verfahrensrechts gegenüber den materiellen Kollisionsnormen.

---

[102] Zu diesem Prinzip vgl. unten S. 49.

[103] Vgl. etwa BGH JZ 1968, 70 f.

[104] Dazu *Heldrich,* Vortrag S. 126: „einkalkuliertes Risiko des ganzen Systems“.

[105] Vgl. *Siehr,* RabelsZ 34 (1970) S. 585 ff.

[106] Über die Grenzen dieser Annahme vgl. Abschnitt II, C.

[107] In einer Reihe von Fällen (z. B. BayObLGZ 1965, 245, 254 ff. — Recht von Ohio; AG Bielefeld StAZ 1967, 188 f. niederländ. Recht; AG Mannheim StAZ 1967, 243 ital. Recht) haben deutsche Gerichte von deutschen Gerichten nach deutschem Recht bestätigte Adoptionsverträge als unwirksam angesehen, weil das nach Art. 22 EGBGB maßgebliche ausländische Recht nicht beachtet worden war. Diese Bindung an Art. 22 ist freilich nur für deutsche Gerichte selbstverständlich, so daß diese Entscheidungen hier nicht maßgeblich sind.

Als Vorfrage ist zu klären, inwieweit § 328 Abs. 1 Nr. 3 ZPO bei dieser Diskussion zu beachten ist und Kollisionsnormen in die Anerkennungsregeln hineinnimmt. In der Rechtsprechung[108] und einem Teil der Literatur[109] wird die analoge Anwendung dieser Vorschrift auf die Anerkennung ausländischer Akte der freiwilligen Gerichtsbarkeit befürwortet.

Es ist jedoch bereits fraglich, ob die Nichtanwendung deutscher materieller Adoptionsvoraussetzungen einen „Nachteil“ für eine deutsche Partei beinhaltet. Beteiligte deutscher Staatsangehörigkeit sind zunächst die Adoptiveltern, deren Status verändert wird. Die Entscheidung der ausländischen Adoptionsstellen müßte bei Anwendung deutschen Rechts anders und günstiger ausgefallen sein[110]. Bei den hier zur Diskussion stehenden Fällen liegt eine positive Adoptionsentscheidung vor, die bei Anwendung deutscher Grundsätze, etwa hinsichtlich der Probezeit oder der Alterserfordernisse, möglicherweise nicht ausgesprochen worden wäre. Hat das ausländische Recht strengere Voraussetzungen, so haben sich diese im Ergebnis jedenfalls nicht nachteilig ausgewirkt.

Es kann allerdings argumentiert werden, daß die Unterschiedlichkeit der Adoptionstypen zu nachteiligen Folgen führt, indem die Auslandsadoption möglicherweise weniger Rechte und mehr Pflichten für die Adoptanten begründet als eine Adoption nach deutschem Recht. Dazu ist es notwendig, die Frage der Wirkung anerkannter Adoptionen zu entscheiden, was später geschehen soll. Hinsichtlich der materiellen Voraussetzungen jedenfalls ist ein Nachteil deutscher Adoptanten im Entscheidungsergebnis nicht vorstellbar[111].

§ 1745 erklärt jedoch auch die Kinder der Annehmenden zu Trägern eigener Interessen im Annahmeverfahren und räumt ihnen eine materielle Beteiligungsstellung für das deutsche Verfahren ein. Ist nach Auslandsrecht das Interesse der Kinder des Annehmenden unbeachtlich, ist es möglich, daß eine Adoption im Ausland zustandekommt, die im Inland an § 1745 BGB gescheitert wäre. Das Entscheidungsergebnis wäre für diese Kinder nachteilig.

Zu fragen ist freilich, ob die Analogie zu § 328 Abs. 1 Nr. 3 ZPO so weit gehen kann, daß unter „Partei“ alle nach deutscher Ansicht materiell Beteiligten eines Verfahrens freiwilliger Gerichtsbarkeit zu verstehen sind.

---

[108] Etwa OLG Hamm NJW 1976, 2029.

[109] Etwa *Jansen*, § 1 FGG Anm. 150; *Habscheid*, Lb. S. 171; *Dölle*, RabelsZ 27 (1963) S. 201, 237 f.

[110] *St./J. - Schumann / Leipold*, § 328 VI 1.

[111] So auch *Jayme*, StAZ 1974, 50; *Magnus / Münzel*, StAZ 1977, 65, 75.

Art. 22 EGBGB, auf den § 328 Abs. 1 Nr. 3 ZPO Bezug nimmt, läßt zunächst nur dem Annehmenden den Schutz seines Heimatrechts zuteil werden. Seine Verwandten und sein Ehegatte werden nur dann geschützt, wenn das Heimatrecht des Annehmenden dies vorsieht. Dem widerspricht es, die Interessen etwa der Kinder des Annehmenden die Anerkennungsfrage letztlich vorrangig vor dem Interesse des Annehmenden am Bestand der Adoption auch in seinem Heimatstaat entscheiden zu lassen.

Schließlich würde auch die Wertung des deutschen Gesetzgebers, der die Verletzung des § 1745 im Interesse der einmal bestehenden Adoption praktisch sanktionslos läßt — sieht man einmal von der Aufhebungsmöglichkeit des § 1763 BGB ab —, bei Auslandsadoptionen umgangen, für die diese Nichtbeachtung ein absolutes Wirkungshindernis in Deutschland sein könnte.

Auch soweit in Rechtsprechung und Literatur die analoge Heranziehung von § 328 Abs. 1 Nr. 3 ZPO befürwortet wurde, bestand kein Anlaß, Fragen der hier zu besprechenden Art zu entscheiden.

Das BayObLG[112] verlangte, daß der ausländische Rechtsakt nicht zu einem erheblichen Nachteil für einen an der Adoption beteiligten deutschen Staatsangehörigen führen dürfe. Im konkreten Fall bestand jedoch, obwohl Voraussetzungen deutschen Rechts nicht gegeben waren, im wesentlichen Übereinstimmung der nach deutschem und ausländischem Recht erzielten Ergebnisse, so daß schon deswegen keine Benachteiligung vorliegen konnte.

Andere Entscheidungen erwähnen § 328 Abs. 1 Nr. 3 ZPO zwar, ohne daß jedoch Anlaß bestanden hätte, darauf einzugehen[113].

Der Beschluß des IV. Zivilsenates des BGH[114] aus dem Jahre 1955 macht für den materiellen Bereich der freiwilligen Gerichtsbarkeit deutlich, in welchen Fällen jedenfalls und unabhängig von dem Kanon kollisionsrechtlicher Familienstandsregelungen in Nr. 3 des § 328 Abs. 1 ZPO einem Schutzbedürfnis der Betroffenen Rechnung zu tragen ist. Das Gericht forderte für die Anerkennung einer Entmündigung eines Deutschen in der Schweiz, daß der gesetzliche Tatbestand, auf den die Entmündigung gestützt wird, auch nach deutschem Recht einen Entmündigungsgrund bilden müsse. Die Erwägungen des Senats sind davon bestimmt, daß die Entmündigung einen schweren Eingriff in die Persönlichkeitssphäre des zu Entmündigenden bedeute und daß es deshalb zweifelhaft sein könne, ob die Interessen des Deutschen durch die

---

[112] BayObLGZ 1968, 331, 340.

[113] BayObLGZ 1964, 385, 389; auch BayObLGZ 1973, 345, 351; OLG Hamm NJW 1976, 2079, 2080 (ausländische Sorgerechtsentscheidung).

[114] BGHZ 19, 240.

ausländischen Entmündigungsvorschriften hinreichend geschützt seien[115].

Diese Überlegungen treffen bei der Adoption jedoch nicht zu. Die Statusänderung der Adoptierenden geschieht auf deren Antrag und freiwillig und kann nicht mit der hoheitlich-einseitigen Fürsorgemaßnahme der Entmündigung verglichen werden. Gefährdet ist weit eher das ausländische Adoptivkind, dessen Schutz § 328 Abs. 1 Nr. 3 ZPO gerade nicht beabsichtigt.

Diese Vorschrift hat somit keine Bedeutung für die Lösung des Konfliktes zwischen prozessualen Anerkennungsregeln und materiellem Kollisionsrecht hinsichtlich der Adoptionsvoraussetzungen.

Die Rechtsprechung tendiert dazu, die materiellen Voraussetzungen von Auslandsadoptionen nach deutschem Recht zu beurteilen und die Wirksamkeit der ausländischen Entscheidung in Deutschland von der Prüfung ihrer Anwendung abhängig zu machen, also den Kollisionsnormen den Vorrang zu geben.

Das BayObLG[116] hatte im Rahmen einer Auseinandersetzung über die Erbfolge inzidenter über die Wirksamkeit einer Adoption zu befinden, die von einer polnischen Vormundschaftsbehörde in den ehemaligen deutschen Ostgebieten ausgesprochen worden war. Der Annehmende wurde als deutscher Staatsangehöriger angesehen, womit Art. 22 Abs. 1 EGBGB zur Anwendung kommen konnte. Zentrale These[117] des Gerichts war, daß bei gleichen Rechtseinrichtungen wie der Adoption in Polen und in Deutschland der Entscheidung eines ausländischen Gerichts keine stärkere Bindungskraft beigelegt werden könne als der Entscheidung eines deutschen Gerichts. Nach deutschem Recht war die Adoption wegen Verstoßes gegen das Gebot der Kinderlosigkeit nichtig (§§ 1741, 1756 a. F. BGB). Die These wird nicht näher begründet. Für das Gericht scheint jedoch wesentlich gewesen zu sein, daß aus der Anwendung „falschen“ Rechts keine Vorteile entstehen sollten.

Demgegenüber vertrat der 2. Zivilsenat desselben Gerichts[118] in seinem bekannten Beschluß vom 18. 12. 1968 die Auffassung, daß die Anwendung „falschen“ Rechts die Anerkennung nur dann hindere, wenn sie gegen den odre public verstoße.

Eine deutsche Mutter und ihr amerikanischer Ehemann hatten das nichteheliche deutsche Kind der Mutter in Minnesota adoptiert. Alle Beteiligten lebten in Minnesota. Die Mutter und das Adoptivkind erwarben kurz nach der Adoption die US-Staatsangehörigkeit.

115 Ebd. S. 243.

116 Beschl. v. 19. 11. 1964 BayObLGZ 1964, 385 = FamRZ 1965, 95.

117 Ebd. S. 392.

118 BayObLGZ 1968, 331, insbes. 335 = FamRZ 1969, 225 = NJW 1969, 376.

Problematisch waren die Altersvoraussetzungen des § 1744 a. F. BGB bei der Mutter, das Fehlen der vormundschaftlichen Genehmigung zur Einwilligung des Kindes (§ 1751 a. F. BGB) sowie die Streitfrage, inwieweit nach deutschem Recht die Mutter ihr nichteheliches Kind adoptieren konnte (§ 1707 Abs. 2 BGB). In seiner ausführlichen Begründung legte das Gericht dar, daß jedenfalls für die gegebene Fallsituation eine strenge Anwendung deutschen Rechts über Art. 22 EGBGB zu fragwürdigen Ergebnissen führen würde, da die Familie ihre Lebensgrundlage in den USA habe und die Begründung wünschenswerter familienrechtlicher Beziehungen des Kindes zu dem Ehemann der Mutter unzumutbar erschwert würden. Außerdem wäre jetzt, nach dem Erwerb der Staatsangehörigkeit und dem damit verbundenen Statutenwechsel jeder Anknüpfungspunkt für die Anwendung deutschen Rechts entfallen[119].

Nur einen Monat später kam das OLG Celle[120] zu einem konträren Resultat: Da die australische Adoption durch ein deutsches Ehepaar nicht durch Vertrag vorgenommen worden sei, sei gegen Art. 22 Abs. 1 EGBGB verstoßen. Eine Heilungsmöglichkeit nach § 1756 a. F. BGB komme nicht in Betracht.

Für die Fallgruppe, daß alle materiellen Voraussetzungen des deutschen Rechts vorliegen, steht die Entscheidung des AG Fürth aus dem Jahr 1971[121], in der die Bestellung eines Ergänzungspflegers zur Wiederholung einer südvietnamesischen Adoption abgelehnt wurde. Die vietnamesische Bestätigung sei anzuerkennen, folglich fehle ein Rechtsschutzbedürfnis für die Pflegerbestellung.

Auch das AG Langenberg[122] lehnte die Wiederholung einer vietnamesischen Adoption ab mit dem Argument, daß Art. 22 Abs. 1 EGBGB sich nur auf die — hier gegebene — Einhaltung der materiellen Voraussetzungen des deutschen Rechts beziehe, nicht jedoch die Anwendung deutschen Verfahrensrechts vorschreibe.

Die gleiche Richtung — wenn auch mit anderem Ergebnis — vertritt das AG Münster[123] in einer Entscheidung aus dem Jahr 1973. Die in Südvietnam bestätigte Adoption wird als nichtig angesehen, weil die Alterserfordernisse des § 1744 a. F. nicht erfüllt seien.

Neuerdings ist in der Rechtsprechung die Tendenz zu beobachten, unter Berufung auf die liberaleren Grundsätze der Entscheidung des Bay-

---

[119] *Siehr* (GS Ehrenzweig S. 163) sieht darum in dieser Entscheidung ein Beispiel für eine „Heilung durch Statutenwechsel“.

[120] NJW 1969, 993 = IPRspr. 1968/69 Nr. 272 = StAZ 1969, 216 m. krit. Anm. *Schröder*, ebd. 217 - 219 dazu schon oben Fn. 31.

[121] StAZ 1973, 144.

[122] DAVorm 1972, 294.

[123] StAZ 1974, 48.

ObLG vom 18. 12. 1968[124] auch eine eingeschränktere Beachtung des materiellen deutschen Adoptionsrechts für die Anerkennung genügen zu lassen.

Der 1. Senat des BayObLG äußerte in einem obiter dictum seiner Entscheidung vom 29. 6. 1978[125], die allerdings die Adoption eines deutschen Kindes durch ein Ehepaar betraf, das neben anderen auch die deutsche Staatsangehörigkeit besaß, daß die Anerkennung einer solchen, im Ausland erfolgten Adoption unter dem Erfordernis stände, „daß grundlegende Prinzipien des deutschen Adoptionsrechts nicht verletzt werden". Im Ergebnis lehnte das Gericht die Anerkennung der peruanischen Adoption ab, weil die leiblichen Eltern und das Kind der Adoption nur unter der Voraussetzung zugestimmt hatten, daß das Kind nach der Adoption nur den Familiennamen der Annehmenden führen sollte. Das peruanische Recht sah jedoch namensrechtlich eine Kumulation des Familiennamens der Annehmenden mit dem Namen des leiblichen Vaters vor, so daß die Bedingung der Einwilligung jedenfalls in Peru nicht eintreten konnte.

Das AG Stuttgart[126] war für eine in Sri Lanka vorgenommene Adoption eines ceylonesischen Kindes der Ansicht, daß nur die Mindestvoraussetzungen des deutschen Rechts erfüllt sein müßten. Die adoption order des Magistrate's Court of Negombo sei anzuerkennen, wenn sie in ihren Grundzügen dem deutschen Adoptionsrecht entspreche. Das Adoptionsrecht Sri Lankas genüge diesen Anforderungen, da auch in Sri Lanka eine Volladoption vorgenommen worden sei.

Die Auffassungen in der Literatur sind uneinheitlich.

Kegel[127] vertritt die Ansicht, daß außer den Anerkennungsvoraussetzungen der internationalen Zuständigkeit und des ordre public im Adoptionszusammenhang nur ausnahmsweise noch eine Nachprüfung des ausländischen Staatsakts daraufhin geboten sei, ob der Annehmende dem Staatsakt zugestimmt habe[128]. Im übrigen verbiete der Befriedungszweck der Anerkennung, die Gültigkeit der Adoption nach dem Heimatrecht des Annehmenden in allen Beziehungen nachzuprüfen. Der Befriedungszweck schließe eine révision au fond aus.

Schröder schließt sich in seiner Anmerkung zur Entscheidung des OLG Celle[129] im wesentlichen der Ansicht des BayObLG in der Entschei-

---

[124] BayObLGZ 1968, 331.

[125] BayObLGZ 1978, 162, insbes. 170.

[126] StAZ 1979, 152.

[127] *Soergel / Siebert - Kegel*, Art. 22 EGBGB Anm. 22.

[128] Die Ausnahme für die Zustimmung begründet *Kegel* damit, daß sie das Fundament der Vertragsoption sei und sie deshalb nicht nur dem „immer etwas schwankenden" ordre public zugeordnet werden sollte. Diesem Argument ist freilich nach der Einführung der Dekretadoption durch die Adoptionsreform 1976 die Basis entzogen.

dung aus dem Jahre 1964 an. Nichtigkeitsgründe seien dem Adoptionsstatut — also deutschem Recht — zu entnehmen. Dort sei auch Auskunft darüber zu suchen, ob und inwieweit der erforderliche Gerichtsakt etwaige Mängel bei den materiellen Voraussetzungen heile.

Schurig[130] nimmt im Gegensatz zu Schröder an, daß nicht dem Adoptionsstatut zu entnehmen sei, welche Wirkung die ausländische Entscheidung gegenüber Mängeln bei den Voraussetzungen habe, sondern dem ausländischen Recht. „Wenn schon in Vietnam Gesetzesverstöße nicht geheilt werden, dann kann das bei Verstößen gegen das aus unserer Sicht anwendbare deutsche Recht erst recht nicht der Fall sein[131].“

Er geht somit davon aus, daß sich die materiellen Voraussetzungen der Adoption an sich nach deutschem Recht richten. Andererseits ist etwa in dem Kölner Gutachten für das AG Solingen[132] ausgeführt, daß dann, wenn das ausländische Recht eine spätere Überprüfung der materiellen Voraussetzungen ausschließt, die internationalprivatrechtlichen Normen, die bestimmte materielle Voraussetzungen normieren, hinter die internationalverfahrensrechtlichen Normen zurücktreten müßten. Im Wege der Anerkennung müsse einer ausländischen Entscheidung dieselben Wirkungen im Inland verliehen werden, die sie im Ausland habe, und zwar grundsätzlich — vorbehaltlich des ordre public — ohne Rücksicht auf das angewandte Recht.

Dabei beschränkt Schurig die Exklusivwirkung des Internationalen Prozeßrechts auf die Bestandteile des Adoptionsvorgangs, die als prozessuale Maßnahmen angesehen werden können[133]. Im übrigen, etwa für den mit dem prozessualen Bestätigungsurteil verbundenen Vertrag, gelte der Vorrang des nach internationalem Privatrecht maßgeblichen Adoptionsstatuts, weil es sich insoweit um materielles Adoptionsrecht handele.

Es scheint zunächst sinnvoll, die Bindungswirkung des prozessualen Bestandteils der Adoptionsbegründung hervorzuheben, um damit die Anwendung des die lex causae verdrängenden Prozeßrechts zu begründen. Dagegen spricht jedoch, daß die Aufteilung der Statusbegründung nach der lex loci adoptionis in prozessuale und materiellrechtliche Elemente sehr unsicher ist, wie schon die von Schurig besprochenen Fälle zeigen, bei denen zweifelhaft war, ob Vertrags- oder Dekretelemente überwiegen. Außerdem erscheint im Hinblick darauf, daß die Möglichkeit eines Verzichts auf die Adoptionsvoraussetzungen des deutschen

129 StAZ 1969, 217 ff. und zu folgendem BayObLGZ 1964, 385, 391 f.

130 StAZ 1973, 33 - 40.

131 Ebd. S. 37 und FamRZ 1973, 178.

132 IPG 1973 Nr. 43; vgl. auch IPG 1974 Nr. 40 (Köln) — Adoption in Quebec — und *Schurig*, StAZ 1973, 144, 145.

133 StAZ 1973, 33, 37; auch IPG 1974 Nr. 40.

Rechts für die Anerkennung entscheidend ist, eine materiellere Begründung notwendig als die Bezugnahme auf die „Zufälligkeiten" des Adoptionsverfahrensrechts des Auslandes.

Selbst „wenn schon in Vietnam Gesetzesverstöße nicht geheilt werden"[134], bedeutet das nicht, daß in Vietnam die Adoption nicht als wirksame Statusänderung betrachtet wird, jedenfalls bis zu einer eventuell im Klageweg erreichbaren Aufhebung[135]; und sähe das Recht Vietnams eine Heilung dieser Mängel durch gerichtliche Bestätigung vor, würde die Adoption, das faktische Ergebnis des Adoptionsverfahrens, doch dieselbe sein, wie wenn keine automatische Heilungsmöglichkeit bestünde.

Dies legt es nahe, statt auf die formalrechtliche Konstruktion des Adoptionsverfahrens auf den Verfahrensinhalt abzustellen. Liegt eine Adoptionsentscheidung in dem oben bestimmten Sinn vor, ist die Adoption von einer staatlichen Stelle überprüft worden und bietet somit eine Richtigkeitsgewähr, die die Anwendung der prozessualen Anerkennungsgrundsätze nahelegt. Insoweit läßt sich auch Übereinstimmung mit der Ansicht Schurigs herstellen, als die Zunahme der Intensität der Überprüfung regelmäßig mit einer größeren Bindungswirkung des Verfahrensergebnisses korrespondiert.

Beitzke[136] verneint, daß die Beachtung deutschen Rechts bei Adoptionen durch deutsche Staatsangehörige im Ausland zwingend sein sollte und begründet dies mit der Entmündigungs-Entscheidung des BGH[137], in der nur auf die wesentlichsten Grundsätze des deutschen Rechts abgehoben wurde. Eine wirksame Erklärung der Adoptierenden, die in Art. 22 Abs. 2 EGBGB genannten Einwiligungen und eine ausreichende Prüfung des Kindeswohls müßten genügen.

Jayme[138] vertritt in seiner Anmerkung zur Entscheidung des AG Münster die Auffassung, die Lösung des Konflikts hänge davon ab, wie man das ausländische Rechtsinstitut und seine verschiedenen Bestandteile qualifiziere. Für die südvietnamesische Adoption[139] sei maßgebend

---

[134] StAZ ebd. *Schurig* entnimmt die nicht geregelten Wirkungen einer Adoptionsbestätigung nach dem (damaligen) südvietnamesischen Recht dem früheren französischen Recht. Danach konnten Nichtigkeitsgründe des Adoptionsvertrages nur durch eine Klage geltend gemacht werden (vgl. dazu *Heinisch*, S. 71 ff.).

[135] Zu berücksichtigen ist auch, daß Gesetzesverstöße nach vietnamesischen Recht nicht notwendigerweise auch die Nichtbeachtung deutschen materiellen Adoptionsrechts mitumfassen.

[136] FamRZ 1976, 74 - 79.

[137] BGHZ 19, 240 ff.

[138] StAZ 1974, 49, 50.

[139] Eine Darstellung des vietnamesischen Adoptionsrechts im Vergleich zum US-amerikanischen gibt *Besikof*, 52 Denver LJ (1975) S. 771 - 793.

— insoweit beurteilt er diese Adoption anders als Schurig —, daß die gerichtliche Bestätigung dem Adoptionsverfahren einen solchen Bestandsschutz verleihe, daß allein die Anerkennungsregeln gälten.

In seiner Vorlesung aus dem Jahre 1961 warnt Wengler[140] davor, bei Gestaltungsentscheidungen (constitutive decisions[141]) die lex causae des Anerkennungsstaates durch Anwendung einer prozessualen Anerkennungsdoktrin außer acht zu lassen. Dadurch werde eine Rechtswahlmöglichkeit eingeräumt, die dazu führe, daß die ausländischen Rechtsordnungen, die ihren Entscheidungsorganen großzügig Jurisdiktion auch in auslandsbezogenen Sachverhalten einräumen, ihre materiellen Vorstellungen auch im Anerkennungsstaat durchsetzen könnten und daß überdies Parteien, die finanziell in der Lage seien, Kontakte in diese Staaten anzuknüpfen, gegenüber den übrigen Angehörigen des Anerkennungsstaates unangemessen bevorzugt würden.

Versucht man, die Standpunkte der Rechtsprechung und Literatur zu systematisieren, ergibt sich, daß die Rechtsprechung mit Ausnahme der Entscheidung des BayObLG aus dem Jahre 1968 und der ihr folgenden neueren Entscheidungen ein materiellrechtliches[142] Anerkennungskonzept verfolgt. Der Konflikt zwischen EGBGB und internationalem Verfahrensrecht wird zugunsten von Art. 22 gelöst. Die materiellen Voraussetzungen des deutschen Adoptionsrechts müssen vorliegen.

Die in der Literatur überwiegende Ansicht schränkt den Wirkungsbereich des Art. 22 EGBGB ein: Eine nach ausländischem Recht wirksame Adoptionsbegründung kann grundsätzlich nicht mehr auf Übereinstimmung mit deutschen Adoptionsvoraussetzungen überprüft werden. Diese anerkennungsfreundliche, verfahrensrechtliche[142] Richtung findet Grenzen im ordre public und damit in der Beachtung der wesentlichsten Grundsätze des materiellen deutschen Rechts.

Die Diskussion wird überlagert von der Frage nach dem Bestandsschutz[143], den ausländische Adoptionsentscheidungen der Annahme als Kind verleihen.

Es ist sinnvoll, zu unterscheiden, ob überhaupt eine wirksame Statusbegründung vorliegt oder ob diese Statusbegründung mit Wirkung ex nunc aufhebbar ist. Ist die Adoptionsentscheidung nach ausländischem

---

140 The General Principles of Private International Law (1961) zitiert nach *Wengler / Picone*, S. 435 - 443.

141 Ebd. S. 439.

142 Zur Terminologie vgl. *Magnus / Münzel*, StAZ 1977, 68 u. 75 Fn. 94.

143 Der neutralere Begriff „Bestandsschutz“ wird gewählt, um die Diskussion um die materielle Rechtskraft und Bindungswirkung von Entscheidungen der freiwilligen Gerichtsbarkeit hier zumindest terminologisch ausklammern zu können (vgl. dazu *Habscheid*, Lb. S. 160 ff. und 168 ff.).

Recht nichtig, besteht keine Basis für eine Anerkennung[144]. Ist die Statusbegründung nach ausländischem Recht rückwirkend etwa durch Anfechtung des zugrundeliegenden Vertrages etc. vernichtbar mit dem Effekt, daß sie also von Anfang an nichtig angesehen wird, gilt dasselbe, da es nicht Funktion der Anerkennung sein kann, eine nach ausländischem Recht unwirksame Statusbegründung für das Inland als wirksam zu behandeln[145]. Es besteht insoweit ein Risiko der deutschen Wahleltern, da es unklar sein mag, innerhalb welcher Fristen und unter welchen Voraussetzungen Rechtsakte, die rückwirkend zur Nichtigkeit führen, vorgenommen werden können. Dieses Risiko wird gemindert, wenn die Adoptionswilligen sich der Hilfe von Adoptionsvermittlungsstellen, ausländischer Rechtsanwälte oder Jugendbehörden usw. bedienen, die über die Rechtslage Auskunft und Hilfe zur Durchführung einer fehlerfreien Adoption geben können. In krassen Fällen mag das ausländische Recht unter Berufung auf Vertrauensschutz, collateral estoppel, abus oder funktionsähnliche Institute die Geltendmachung von Nichtigkeitsgründen ausschließen.

Ist die Adoptionsentscheidung nach ausländischem Recht mit Wirkung ex nunc aufhebbar, stellt sich die Frage, ob eine Aufhebungsentscheidung anerkannt werden soll. Dies ist davon abhängig, welche Wirkungen die ausländische Adoption in Deutschland hat[146]. Lebt das Kind schon einige Zeit bei den Adoptiveltern und hat es die deutsche Staatsangehörigkeit erworben, wird regelmäßig schon die internationale Zuständigkeit seines Heimatstaates zweifelhaft sein.

Eine Reihe von Problemen kann nach der deutschen Adoptionsreform als erledigt betrachtet werden. Die Neuregelung schließt die Geltendmachung der Nichtigkeit oder Anfechtbarkeit des Annahmebeschlusses aus. Es ist also nicht mehr möglich, daß im Bereich der Unwirksamkeit ex tunc eine ausländische Entscheidung weitergehenden Bestandsschutz verleiht, so daß die Kontroverse, nach welchem Recht der Bestandsschutz zu bestimmen ist, für diesen Teilbereich des Problemkreises an Bedeutung verloren hat.

Es bleibt jedoch die Situation, daß die Adoptionsentscheidung nach ausländischem Recht geringeren Bestandsschutz hat als die §§ 1759 ff. BGB für deutsche Adoptionen vorsehen, daß also eine fehlende Einwilligung zum Beispiel die Aufhebung des zugrundeliegenden Adoptionsvertrages ex nunc ermöglicht, ohne daß die besonderen Anforderungen des § 1761 Abs. 2 BGB erfüllt sein müßten.

---

[144] *Soergel / Siebert - Kegel*, Art. 22 EGBGB Anm. 21 Fn. 11: „man kann nur anerkennen, was da ist".

[145] Dazu näher unten S. 95 ff.; zu Fragen der wegen Art. 22 Abs. 2 EGBGB „unwirksamen" Adoptionen ins Ausland vgl. *Beitzke*, StAZ 1953, 97 ff.

[146] Vgl. Teil III.

Hier ist zu fragen, ob Art. 22 Abs. 1 EGBGB mehr verlangt als die Anwendung der §§ 1760 BGB auf die ausländische Adoptionsentscheidung, oder wie die deutsche Politik des favor adoptionis, die in den Aufhebungsvoraussetzungen der §§ 1760 ff. BGB zum Ausdruck kommt, auch bei der Bestimmung der Anerkennungsvoraussetzungen berücksichtigt werden soll.

Die Bezugnahme auf die Aufhebungsvorschriften des deutschen Rechts ist freilich nicht unproblematisch, da der starke Bestandsschutz wesentlich am Leitbild der deutschen Volladoption ausgerichtet ist[147]. Auf der anderen Seite wurde Adoption als zeitlich unbegrenzt intendiertes Rechtsverhältnis definiert, so daß die Vorschriften der §§ 1759 ff. BGB auch für schwache Adoptionen jedenfalls nicht von vornherein systemwidrig sind. Ferner geht es hier um die Frage, ob z. B. bei einer schwachen Adoption, die aber nach der lex loci adoptionis vollwirksam und bestandskräftig ist, das Anerkennungsrecht eine adoptionstypenspezifische Abweichung von den materiellen Regeln des eigenen Rechts vorsehen soll.

Es handelt sich um Fälle, in denen die erforderlichen Einwilligungen oder Anträge der Adoptierenden, des Kindes, der Eltern nicht vorliegen oder mit Willensmängeln behaftet sind, die ausländische Rechtsordnung daran jedoch die Statusbegründung nicht automatisch mit der Folge der Unwirksamkeit scheitern läßt[148]. Die Alternative ist, entweder anzuerkennen und unter den Voraussetzungen der §§ 1760 ff. BGB eventuell aufzuheben oder erst gar nicht anzuerkennen.

Art. 22 Abs. 1 EGBGB hat die Funktion, die Geltung deutschen Rechts in Sachverhalten mit Auslandsberührung für deutsche Annehmende zu gewährleisten. Abgesehen von der Begrenzung des Wirkungsbereichs etwa durch eine Konkurrenz mit den Regeln des internationalen Prozeßrechts kann diese Vorschrift jedenfalls nicht als Legitimationsbasis dafür dienen, deutsche Aufhebungsgründe praktisch in Nichtigkeitsgründe zu transformieren, d. h. ausländische Entscheidungen in Deutschland als unwirksam zu behandeln, wenn entsprechend fehlerhafte deutsche Entscheidungen wirksam, wenn auch unter bestimmten Voraussetzungen aufhebbar sind.

Entscheidend ist, daß beide Rechtsordnungen in diesen Fällen zu einer wirksamen Statusänderung führen. Dies ist anzuerkennen. Der Gel-

[147] Vgl. *Engler,* Auf dem Weg S. 86 ff., zur Aufhebung bei einfachen Adoptionen ebd. S. 110 ff.

[148] In dem Beschluß des BayObLG vom 29. 6. 1978 (BayObLGZ 1978, 162, 170 f. und schon Fn. 125) hat der Senat sich nicht mit der Frage auseinandergesetzt, welche Konsequenzen das peruanische Recht an die Nichterfüllung der namensrechtlichen Bedingung bei der Einwilligung knüpfte. War die Adoption nach peruanischem Recht wirksam, ist das Ergebnis des Senats, die Anerkennung abzulehnen, wohl nur damit zu rechtfertigen, daß die Adoption inzwischen in Deutschland noch einmal vorgenommen worden war.

tungsanspruch deutschen Rechts wird durch eine mögliche Aufhebung ex nunc[149] gewahrt. Deutsches öffentliches Interesse ist es gerade, Kriterien wie das Wohl des Kindes (§ 1761 Abs. 2 BGB) bei der Entscheidung über die Aufhebung des Status zu berücksichtigen. Dieser Gesetzeszweck würde durch eine kategorische Nichtanerkennung vereitelt.

Zusätzliche Probleme wirft die Fallgruppe auf, daß materielle Voraussetzungen im ausländischen Verfahren nicht beachtet worden sind, die in den §§ 1760 ff. BGB keine Berücksichtigung finden, nämlich die Alterserfordernisse nach § 1743 BGB, die Probezeit nach § 1744 BGB und die Interessen der Kinder der Annehmenden (§ 1745 BGB).

Die Rechtsprechung hat unter der Geltung des alten Adoptionsrechts gerade die Nichteinhaltung von Alterserfordernissen zum Anlaß genommen, Auslandsadoptionen nicht anzuerkennen[150]. Ließ sich diese Rechtsprechung durch Art. 22 EGBGB in Verbindung mit § 1756 a. F. BGB rechtfertigen, könnte sich jetzt eine Rechtfertigung daraus ergeben, daß bei einer Anerkennung trotz Nichtbeachtung die Möglichkeit bestünde, im Wege des „forum shopping“ die deutschen Alterserfordernisse zu umgehen, indem ein Kind in einem Land mit insoweit geringeren Anforderungen adoptiert wird. Diese Adoption wäre nach deutschem Recht nicht wegen dieses Mangels aufhebbar, deutschem öffentlichen Interesse könnte insoweit nur durch Nichtanerkennung zur Geltung verholfen werden. Diese Interessen sind gegen die Interessen an einer Anerkennung abzuwägen.

Der Zweck der Vorschrift des § 1743 BGB ist[151], durch die Fixierung starrer Altersgrenzen Annahmewillige aus einer Altersgruppe, bei der eine höhere Wahrscheinlichkeit dafür besteht, daß noch keine gesicherte Existenzgrundlage für die Familie vorhanden ist oder daß die Schwierigkeiten der Einbeziehung noch nicht hinreichend überschaut werden, fernzuhalten oder bis zur Erreichung des Mindestalters warten zu lassen.

Die Probezeit[152] soll sicherstellen, daß die Annahmewilligen die Schwierigkeiten und Risiken der Annahme eines Kindes realistisch einschätzen können und den Aufsichtsbehörden die Möglichkeit geben, die voraussichtliche Integration des Kindes zu beurteilen.

§ 1745 BGB bezweckt, die Gefahren, die einem Interessengegensatz zwischen dem anzunehmenden Kind und den schon vorhandenen Kindern für die Integration des Adoptivkindes innewohnen können, zu vermeiden.

---

[149] Vgl. dazu unten Abschnitt III, J.

[150] Etwa AG Münster StAZ 1974, 48.

[151] Vgl. dazu RegE BT-Drs. 7/3061 S. 31.

[152] Vgl. RegE ebd. S. 32.

Die Bedeutung, die der deutsche Gesetzgeber diesen materiellen Adoptionsvoraussetzungen beilegt, kann danach beurteilt werden, daß ihre Nichteinhaltung bei Adoptionen in Deutschland grundsätzlich folgenlos ist. Es kommt nur eine Aufhebung nach § 1763 BGB in Betracht, wenn in concreto aus schwerwiegenden Gründen das Wohl des Kindes dies gebietet. Im Rahmen dieser Prüfung ist eine schematische Berücksichtigung etwa des Alters der Annehmenden nicht möglich, wie ebenso die Interessen der anderen Kinder nur ein Faktor bei der Bestimmung des Wohles des Adoptivkindes sind. Hinzu kommt die wesentliche Erschwerung der Aufhebung nach § 1763 BGB durch Abs. 3 dieser Vorschrift.

Wird demnach die Verletzung der §§ 1743 - 1745 BGB nach deutschem Recht weitgehend sanktionslos gelassen, wird man diese Bestimmungen kaum den wesentlichsten Grundsätzen des deutschen Adoptionsrechts oder gar dem ordre public zurechnen können[153].

Es ist weiter zu berücksichtigen, daß eine Prüfung des Entstehens eines Eltern-Kind-Verhältnisses und damit ein Eingehen auf die Interessen des Adoptivkindes regelmäßig Bestandteil eines rechtsstaatlichen Verfahrens und damit Anerkennungsvoraussetzung ist[154].

Selbst wenn diese Prüfung im Ausland kursorischer ausfallen mag oder von der Berücksichtigung anderer Interessen beeinflußt wird als die Prüfung des Wohls des Kindes in Deutschland, so wird jedenfalls zumindest bis zu einem gewissen Grade den Intentionen des deutschen Gesetzgebers Rechnung getragen, für die die §§ 1743, 1744 BGB und teilweise auch § 1745 BGB Anhaltspunkte sind, ob die Adoption dem Wohl des Kindes dienen wird.

Es ist allerdings für den im Ausland bestätigenden oder anordnenden Richter schwierig, die Interessen der Kinder der Annehmenden zu bewerten. Diese Schwierigkeit entspricht der generelleren, die Verhältnisse der Adoptiveltern schwerer beurteilen zu können als dies in Deutschland möglich wäre.

Nimmt man dies in Hinblick auf die größere Sachnähe bei der Beurteilung der Situation des Kindes vor der Adoption in Kauf, sollte auch § 1745 nicht die Funktion eines möglichen Anerkennungshindernisses zukommen[155].

---

[153] Ebenso *Beitzke*, FamRZ 1976, 74, 77; *Münchener Kommentar - Lüderitz*, § 1745 Anm. 12 Fn. 20 (für die Probezeit); auch *Jayme*, StAZ 1974, 309, 313.

[154] Vgl. dazu Abschnitt II, C.

[155] Zumal die Kinder keine formell Verfahrensbeteiligten sind und ihr Status nicht unmittelbar betroffen wird, so daß auch keine Verletzung von Art. 103 Abs. 1 GG vorliegt (*Münchener Kommentar - Lüderitz*, § 1745 Anm. 16); *Schäfer*, S. 61 (allerdings zu der Rechtslage vor der Adoptionsreform) ist in diesem Fall gegen eine Anerkennung.

Schon die Bewertung des nach Art. 22 Abs. 1 EGBGB berufenen deutschen Adoptionsrechts legt es somit nahe, den Bestand der Adoption höher zu bewerten als die Möglichkeit, im Anerkennungsverfahren Mängel des Zustandekommens zu sanktionieren. Die Übertragung des deutschen Bestandsschutzes auch auf im Ausland vorgenommene Adoptionen kann somit den Konflikt zwischen materiellrechtlichen und verfahrensrechtlichen Anerkennungskonzepten zumindest überbrücken helfen.

Den somit abgeschwächten öffentlichen Interessen an der Wahrung der Voraussetzungen auch im Ausland stehen ferner entscheidende Gesichtspunkte gegenüber, die für eine Anerkennung sprechen.

Kegel spricht von dem Befriedungszweck der Anerkennung[156]. Sie besteht unter anderem darin, daß im Ausland wirksame Statusverhältnisse auch im Inland beachtet werden, um die Gefahr „hinkender" Rechtsverhältnisse zu vermeiden[157]. Kennt der Heimatstaat des Kindes eine Volladoption, wären die Beziehungen zu den Eltern und leiblichen Verwandten mit Wirkung für den bisherigen Lebenskreis des Kindes getrennt, ohne daß das Kind im Falle der Nichtanerkennung in seinem neuen Lebenskreis Eltern gewinnen würde[158]. Aber auch in Fällen einer nur „schwachen" Adoption im Heimatstaat haben sich die Eltern immerhin ihrer Erziehungs- und Unterhaltspflichten in solchem Maße entäußert, daß der Versuch der Reintegration des Kindes in seine natürliche Familie — sofern die ausländische Rechtsordnung sie überhaupt vorsieht — in der Regel für das Kind abträglichere Folgen haben dürfte als die Integration in die deutsche Familie, selbst wenn sie auf fehlerhafter rechtlicher Basis beruht, etwa indem der Ehemann 24, die Frau 20 Jahre alt sein mag oder keine Probezeit eingehalten worden ist.

Es ist zwar denkbar, statt der nicht anerkannten Adoption eine Pflegeschaft zu konstruieren. Damit ist jedoch in der Regel weder den Adoptiveltern, noch den leiblichen Eltern, noch dem Kind gedient; die Rechtsunsicherheit wäre beträchtlich und ein Gewinn für deutsche öffentliche Interessen nicht ersichtlich.

Es bestehen daher keine durchgreifenden Gründe, die Einhaltung der materiellen Voraussetzungen für das Zustandekommen einer Adoption nach deutschem Recht als Anerkennungsvoraussetzung anzusehen.

---

[156] *Soergel / Siebert - Kegel,* Art. 22 EGBGB Anm. 22.

[157] Die Gefahren „hinkender Rechtsverhältnisse" werden zwar oft überschätzt, wenn der Aufenthaltsstaat das fragliche Rechtsverhältnis anerkennt, hier ist jedoch gerade diese Anerkennung fraglich.

[158] Zum Problem der „Niemandskinder" vgl. *v. Overbeck* in FS Kollewijn / Offerhaus S. 377.

C. Ordre Public

Neben dem Erfordernis der internationalen Zuständigkeit ist die Einhaltung des deutschen ordre public allgemein für notwendig gehaltene Anerkennungsvoraussetzung[159].

Da die bisherige Rechtsprechung die Anerkennung oft bereits an fehlender internationaler Zuständigkeit scheitern ließ, sind nur wenige Äußerungen zur ordre-public-Problematik im Bereich des internationalen Adoptionsrechts bekannt.

Das OLG Köln[160] hatte 1962 den Fall einer Volljährigenadoption zu entscheiden, bei dem im Jahre 1945 ein österreichisches Adoptionsgericht über die deutsche Staatsangehörigkeit der Annehmenden getäuscht wurde und infolgedessen die anscheinend nur nach österreichischem IPR, nicht jedoch nach Inlandsrecht notwendige Prüfung, ob ein dem Eltern-Kind-Verhältnis entsprechendes Familienband hergestellt werden sollte, unterblieb.

Das OLG versagte die Anerkennung der Adoption allein in Hinblick auf die Tatsache der Täuschung, ohne in diesem Fall eine Prüfung für notwendig zu halten, ob in concreto tatsächlich ein Familienband hergestellt wurde[161] oder ob es sich allein um eine Adoption wegen des Adelstitels der Annehmenden gehandelt hatte.

Jedenfalls unter Geltung des neuen Adoptionsrechts wäre jedoch das Ergebnis, die Nichtanerkennung wegen Täuschung als Verstoß gegen den deutschen ordre public, fraglich, da der Bestandsschutz jedenfalls bei Minderjährigenadoptionen „Zweck der deutschen Gesetze" im Sinne der Bestimmung des ordre public in § 328 Abs. 1 Nr. 4 ZPO ist.

Freilich setzt der Bestandsschutz ein Vertrauen in die regelmäßige materielle Richtigkeit der Adoptionsentscheidung, das bei deutschen Vormundschaftsgerichten gerechtfertigt ist, voraus. Inwieweit dieses Vertrauen auch ausländischen Gerichten und Behörden zugestanden werden kann, ist berechtigter Ansatzpunkt von ordre-public-Überlegungen, da die Verflechtung von Begründungsverfahren und Bestandsschutz zu den Grundgedanken des deutschen Adoptionsrechts[162] zu rechnen ist.

Die durch das Verfahren gewährleistete Wahrscheinlichkeit eines angemessenen Ergebnisses erfordert zunächst, daß es sich um eine Adoptionsentscheidung in dem oben[163] beschriebenen Sinne handelt.

---

[159] Zur Gesamtproblematik des ordre public im Familienrecht vgl. *Wuppermann*, Diss., speziell zum Adoptionsrecht S. 281 ff. Nach *Ferid* (Rdnr. 8 - 373) hat freilich der „ordre public im Adoptionsrecht nicht viel zu bestellen".

[160] StAZ 1963, 43.

[161] Was allerdings auch schwierig gewesen wäre, da die Annehmende bereits vier Monate nach der Bestätigung des Adoptionsvertrages gestorben war.

[162] *St./J. - Schumann / Leipold*, § 328 VII B mwN.

Hat das ausländische Gericht einen Adoptionsvertrag nur registriert oder ohne inhaltliche Nachprüfung bestätigt oder liegt nur eine Privatadoption ohne jede behördliche oder gerichtliche Mitwirkung vor[164], ist Richtigkeitsgarantie allein die privatautonome Vertragsfreiheit der Beteiligten.

Die private Gestaltung statusrechtlicher Vorgänge ist bei der Eheschließung sinnvoll, bei der Scheidung bereits problematisch, wobei im Einzelfall denkbar sein kann, daß eine Privatentscheidung anerkennungsfähig ist[165]; bei der Adoption jedoch besteht nach deutschem Recht, wie insbesondere auch das Erfordernis der vormundschaftsgerichtlichen Genehmigung bei der Adoption eines deutschen Kindes durch Ausländer (Art. 22 Abs. 2 Satz 2 EGBGB) zeigt, ein starkes öffentliches Fürsorgeinteresse für das Kind, das nicht in die Hände von Privatpersonen gelegt werden kann, selbst wenn das ausländische Recht insoweit einen anderen Standpunkt vertritt.

Allerdings wäre es denkbar, eine ordre-public-Verletzung erst dann anzunehmen, wenn im Einzelfall ein für die deutsche Rechtsordnung materiell untragbares Ergebnis[166] vorliegt. Dies festzustellen wäre jedoch eine révision au fond; es würde eine Prüfung vorausgesetzt, die der gleichkommt, die das Vormundschaftsgericht bei der Vornahme einer Adoption zu treffen hat, so daß von „Anerkennung" nicht mehr zu sprechen wäre.

Entscheidend gegen die Anerkennungsfähigkeit von „Privatadoptionen" spricht schließlich, daß Art. 22 Abs. 1 EGBGB durch Privatrechtsgeschäfte umgangen werden könnte, ohne daß die Anerkennungsgrundsätze des Internationalen Prozeßrechts der freiwilligen Gerichtsbarkeit eine Legitimationsbasis für die zumindest partielle Nichtbeachtung des Art. 22 abgeben würden.

Es bleiben daher die Anforderungen an das Entscheidungsverfahren ausländischer Stellen in Adoptionssachen zu prüfen.

Die deutsche Rechtsprechung zum ordre public im Zivilprozeß hat den Grundsatz geprägt, daß das ausländische Verfahren von den Grundsätzen des deutschen Verfahrensrechts nicht derart abweichen dürfe, daß nach der deutschen Rechtsordnung das Urteil nicht als in einem

---

[163] Vgl. Abschnitt I, B.

[164] Etwa nach dem Recht Taiwans (Privatadoption) oder Thailands und Indonesiens (nur behördliche Registrierung); vgl. *Magnus / Münzel*, StAZ 1977, 65, 75 und *Kronke*, StAZ 1978, 151, 153; zu thailändischen Adoptionen vgl. auch IPG 1975 Nr. 41 (Kiel), das diese Adoptionen jedoch grundsätzlich für anerkennungsfähig hält.

[165] Dazu kürzlich etwa BayObLG FamRZ 1978, 243 ff. (iranische Scheidung).

[166] Zur Bedeutung des Verfahrensergebnisses im Rahmen der ordre-public-Erwägungen vgl. BGHZ 50, 370, 376 mwN.

geordneten rechtsstaatlichen Verfahren ergangen angesehen werden kann[167].

In der zivilprozessualen Anerkennungsdiskussion geht man somit von der prinzipiellen Gleichwertigkeit des Rechtsganges und der Rechtsfindung der Gerichte aller Länder aus. Diese „Fungibilität“ überspielt die tatsächlichen Differenzen hinsichtlich Verfahrensablauf, Entscheidungsfindung usw.[168] und läßt eine relativ rigorose Trennung zwischen Verfahren nach der lex fori und dem nach dem Kollisionsrecht anwendbaren Recht zu.

Demgegenüber wird im Bereich der freiwilligen Gerichtsbarkeit häufig die engere Verflechtung des Verfahrensrechts mit dem materiellen Recht betont und damit auch die Fungibilität der Verfahren in Frage gestellt[169].

Der von Heldrich[170] als Schreckgespenst berufene Stammesrichter der in seinem Zelt in der Wüste Adoptionen vornimmt, dürfte zwar für die meisten Staaten auch der sog. Dritten Welt der Vergangenheit angehören. Gleichwohl bleibt die Frage, ob Adoptionen anerkannt werden sollen, die in einem Verfahren zustandegekommen sind, das hinter den in Deutschland für notwendig gehaltenen Standards des Adoptionsverfahrens zurückbleibt.

Von besonderem Interesse sind dabei Verfahrensbestandteile, die eine sachgerechte Ermittlung des Kindeswohls garantieren sollen. So wurde im Zusammenhang mit der Adoptionsrechtsreform für die Minderjährigenadoption in Konkretisierung von § 12 FGG die Einholung einer gutachtlichen Äußerung der Adoptionsvermittlungsstelle oder des Jugendamtes vorgeschrieben (§ 56 d FGG i. V. m. § 48 a Abs. 1 Nr. 10 JWG[171]); § 55 c FGG sieht weiter vor, daß das Vormundschaftsgericht mit dem zur Annahme vorgesehenen Kind persönlich Fühlung nehmen kann[172].

Demgegenüber würde es im Adoptionsrecht zu den Minimalerfordernissen der Rechtsstaatlichkeit nur gehören, daß die ausländische Verfahrensordnung die Zustimmung der Annehmenden und der leiblichen Eltern voraussetzt, wenn nicht in begründeten Ausnahmefällen deren Zustimmung ersetzt werden kann[173]. Auf jeden Fall müssen auch im Fall

[167] Vgl. BGHZ 48, 327, 331; 53, 357, 359 ff.

[168] Dazu *Dölle*, RabelsZ 27 (1962) S. 205 ff.

[169] Dazu *Randzio*, S. 183 ff. und *Schwimann*, RabelsZ 38 (1974) S. 571 f.

[170] Vortrag S. 130.

[171] BT Drs. 7/3061 S. 58 und 7/5087 S. 24.

[172] BT Drs. 7/5087 S. 24.

[173] Dabei ist jedoch zu berücksichtigen, daß gegenüber § 1748 BGB erleichterte Ersetzungsmöglichkeiten im Ausland (vgl. etwa die Übersicht bei *Glässing*, S. 101 ff.) nicht notwendigerweise in dem dargestellten Sinne rechtsstaatswidrig sind. § 1748 BGB gleicht für den deutschen Rechtsbereich die verfassungsrechtlichen Interessen der Eltern (Art. 6 Abs. 1, 2 GG), des Kindes

der Ersetzung die Betroffenen die Möglichkeit zur Verfahrensbeteiligung haben[174]. Weiterhin ist eine Beachtung der Interessen des Adoptivkindes geboten.

Von der grundsätzlichen Rechtsstaatlichkeit des Verfahrens zu trennen ist der Fall, daß im Einzelfall etwa hinsichtlich eines wesentlichen Zustimmungserfordernisses unrichtig verfahren wurde[175], sei es, daß ein Elternteil irrtümlich als vermißt oder verschollen angesehen wurde, sei es, daß Willensmängel bei der Zustimmung nicht berücksichtigt wurden und daß die Beteiligten das Gericht täuschen konnten.

Hierbei ist wieder zu berücksichtigen, daß nach deutschem Recht entsprechende Fehlentscheidungen im Einzelfall als wirksam betrachtet werden und nur unter den Voraussetzungen des § 1760 ff. korrigiert werden können. Damit soll nicht die Berechtigung des Bestandsschutzes für Auslandsadoptionen durch die Anwendung des Bestandsschutzgedankens begründet werden, sondern vermieden werden, daß bei Verfahrensfehlern, die ebenso in Deutschland erwartet werden können, strengere Anforderungen an ausländische Entscheidungen gestellt werden.

Ähnliche Überlegungen können für die Entscheidungskriterien des ausländischen Verfahrens angestellt werden. Es ist schwer vorstellbar, daß ein rechtsstaatlich orientiertes Gemeinwesen seine Adoptionsentscheidungen nicht zumindest auch am Wohl des Kindes ausrichtet. Wird gleichwohl das Wohl des Kindes nicht ausreichend oder fehlerhaft geprüft, entspricht aber die Adoption jedenfalls im Zeitpunkt der Anerkennung dem Wohl des Kindes[176], besteht kein Grund, die Anerkennung

(Art. 1 Abs. 1, Art. 2 Abs. 1) und des Staates (Art. 6 Abs. 2 Satz 2) aus (BVerfGE 24, 119 ff. = NJW 1968, 2233 ff.; dazu *Engler*, FamRZ 1969, 63 ff.). — Nur wenn das ausländische Recht von dieser Konkordanz in so hohem Maße abweicht, daß auch unter Berücksichtigung der Auslandsbezogenheit des Sachverhaltes die Rechte der Eltern zu sehr eingeschränkt werden, wäre nach deutschem ordre public ein Anerkennungshindernis gegeben (Zu den verfassungsrechtlichen Aspekten vgl. Abschnitt III, F, a). Zur Frage, ob der Verzicht auf die Einwilligung eines Elternteils gem. § 1747 Abs. 1 i. V. m. § 1746 Abs. 2 a. F. BGB = 1747 Abs. 4 n. F. BGB) im deutschen Adoptionsverfahren ein Anerkennungshindernis im exequatur-Verfahren der französischen Gerichte ist, vgl. Tribunal de grande instance de Grasse in Clunet 1977, 857 ff. (eine ordre-public-Verletzung wurde verneint).

[174] Dies war etwa bei der griechischen Adoption aus dem Jahre 1940 nicht gegeben, die der Supreme Court of Appeals of Virginia 1962 (203 Va 670, 127; SE 2d 145 — Doulgeris v. Bambacus) wegen Verstoßes gegen die public policy Virginias nicht anerkannte: Die Adoption war ausschließlich an dem erbrechtlichen Interesse des Adoptivvaters ausgerichtet, die Mutter hatte nicht zugestimmt, das Verfahren gebot keine Prüfung des Wohls des Kindes.

[175] Vgl. *Geimer*, JZ 1969, 12 - 16 (für das Zivilprozeßrecht).

[176] Damit soll nicht die oben ausgeschlossene révision au fond wieder eingeführt werden. Gemeint ist, daß bei Kenntnis entsprechender Gegebenheiten zur Zeit der Inzidentanerkennung zwar anzuerkennen ist, dann aber ein Verfahren nach § 1763 BGB eingeleitet werden kann.

zu versagen; sind Anhaltspunkte gegeben, daß sie nicht oder nicht mehr dem Wohl des Kindes entspricht, bleibt der Weg der Aufhebung nach § 1763 BGB.

Geht man davon aus, daß ein „anerkennungswertes Bedürfnis“ für Adoptionen im Ausland bestehen kann, erscheint es somit richtig, die Grundsätze des Zivilprozesses auch in den Bereich der freiwilligen Gerichtsbarkeit zu übertragen und eine weitgehende „Fungibilität“ der Entscheidungsorgane anzuerkennen, die ihre Grenzen lediglich in den Forderungen des rechtsstaatlichen Minimums[177] findet. Es kann nicht Aufgabe des Anerkennungsrechts sein, den relativen „Rückstand“ anderer Länder hinter den Errungenschaften des deutschen Verfahrensrechts zu „bestrafen“.

Damit soll nicht zum Ausduck gebracht werden, daß die Einführung der Gutachtenerfordernisse usw. nach § 55 d FGG nicht sinnvoll und wünschenswert ist, sondern nur, daß es Aufgabe des jeweiligen Staates ist, die ihm angemessen erscheinenden Verfahrensvorschriften für das Zustandekommen von Gestaltungsentscheidungen zu finden.

Schließlich ist zu berücksichtigen, daß der auch hier hervorgehobene Bestandsschutz des deutschen Adoptionsrechts seine Rechtfertigung zwar auch in den Anforderungen an das deutsche Verfahren findet, im wesentlichen aber aus dem Leitbild der Adoption nach §§ 1741 ff. herzuleiten ist[178]. Dies macht es erforderlich, es hier bei einer vorläufigen Beurteilung zu belassen und eine abschließende Antwort vorzunehmen, wenn die Frage geklärt ist, wie die verschiedenen ausländischen Adoptionstypen in das deutsche Rechtssystem eingefügt werden können.

---

[177] Eine kasuistische Präzisierung der Inhalte dieses Begriffes kann hier nicht geleistet werden.

[178] Vgl. *Engler*, Auf dem Weg S. 86 ff.

III. Anerkennungswirkungen

Die Interdependenz zwischen Anerkennung und Wirkungen anerkannter ausländischer Adoptionsentscheidungen wurde bisher dadurch vernachlässigt, daß — gleichsam unter dem Vorbehalt einer befriedigenden Regelung in der Frage der Wirkungen — gezeigt wurde, daß nach gegenwärtiger Rechtslage Adoptionsentscheidungen grundsätzlich anzuerkennen sind.

Wäre es jedoch nicht möglich, die Wirkungen anerkannter Adoptionen mit hinreichender Sicherheit und Deutlichkeit zu bestimmen, würde auch Liberalität in der Frage der Anerkennungsvorausestzungen selbst fragwürdig.

Die Anerkennung ausländischer Rechtsakte bedeutet, daß sie auch im Inland Wirkungen entfalten. Diese Wirkungen gehen über die bloße Tatbestandswirkung, d. h. die Kenntnisnahme der Entscheidung im Ausland als auch inlandsrechtlich relevante Tatsache[179] hinaus und ordnen den ausländischen Akten eine Regelungswirkung für das betreffende Rechtsverhältnis bei.

Anerkennung hat für die hier behandelte Fallgruppe eine besondere Dimension, da die Frage der Berücksichtigung der ausländischen Entscheidung sich nicht nur im Sinne einer Vorfrage im Einzelfall stellt, sondern wegen der Eingliederung des Adoptivkindes in die deutsche Gesellschaftsordnung „Vorfrage" für das gesamte Bündel möglicher Adoptionswirkungen im privat- und öffentlichrechtlichen Bereich ist.

Aus dieser quantitativen Komponente folgt eine qualitative, indem es nicht genügt, im Sinne eines „common sense approach" zu fragen, ob nach dem Recht des Inlands zu einer bestimmten Einzelwirkung die ausländische Adoption nach Wortlaut und Zweck des Rechts der Einzelwirkung einer deutschen Adoption gleichgestellt und angepaßt werden kann[180], sondern die Beantwortung der Frage nach den Einzelwirkungen in ein Gesamtkonzept einzupassen ist, um Inkonsistenzen bei der Beurteilung der unterschiedlichen Wirkungen zu vermeiden.

---

179 Dazu *Müller*, ZZP 79 (1966) S. 199, 241 ff. und *Schäfer*, S. 2.

180 *Ehrenzweig / Jayme*, Special Part S. 237.

A. Begriff „Anerkennung“

Dem Begriff des „Anerkennens“ — sei es durch ein separates Anerkennungsverfahren oder wie im Fall der Adoption durch Inzidententscheidungen — läßt sich für die Wirkungen der Anerkennung von Adoptionsentscheidungen kein eindeutiges Ergebnis entnehmen.

„Anerkennung“ kann der „Neuschaffung“ gegenübergestellt werden, womit die Grenze der sinnvollen Verwendung des Begriffs in der Frage Drobnigs[181] deutlich wird, ob es ein Minimum von Rechtswirkungen der anerkannten Rechtsfigur gibt, bei dessen Unterschreitung von ihrer Anerkennung nicht mehr gesprochen werden kann, oder anders formuliert, in welchem Umfang die Wirkungen im Entscheidungs- und Anerkennungsstaat identisch sein müssen.

Auch der Begriff der „Wirkungen“ ist unscharf. Häufig wird die Gestaltungswirkung der ausländischen Adoptionsentscheidung als „Hauptwirkung“ von den „Nebenfolgen“ oder „Nebenwirkungen“ unterschieden, die sich auf die mit den aus der Statusentscheidung folgenden Rechten und Pflichten hinsichtlich Unterhalt, Erbfolge, Namensführung, Personensorge, Sozialversicherung, Steuerpflicht, Staatsangehörigkeit usw. beziehen.

Im folgenden soll der Begriff „Wirkungen“ zunächst alle Nebenwirkungen mitumfassen.

Liegt eine ausländische Adoptionsentscheidung vor, kann ihre Anerkennung bedeuten[182]:

a) ihre Wirkungen richten sich nach dem Recht des Adoptionsstaates (Rezeption)

b) die Wirkungen bestimmen sich nach dem Recht der Bundesrepublik Deutschland (Transformation)

c) die Regelungen der in Betracht kommenden Rechtsordnungen werden kombiniert.

Dabei können bestimmte Einzelwirkungen herausdifferenziert und dem für diesen „Incident“ sachnächsten Recht unterstellt werden (depeçage)[183]. Es ist ferner denkbar, nach dem Prinzip des „schwächeren“ Rechts im Konfliktfall jeweils die Rechtsordnung anzuwenden, die die geringsten Belastungen für die Beteiligten mit sich bringt.

---

[181] FS v. Caemmerer S. 704.

[182] Ähnlich: *Schwind*, Handbuch S. 128 f., speziell für Adoptionen in FS Wengler S. 755; *Neuhaus*, Grundbegriffe S. 440 f.; *Drobnig*, FS v. Caemmerer S. 701; für den angloamerikanischen Rechtskreis schon *O'Donnell*, S. 644 f. — Eine Darstellung der historischen Entwicklung der Anerkennungskonzeptionen gibt *Matscher*, FS Schima S. 265 ff.

[183] Zum Begriff der „depeçage“ vgl. *Reese*, 73 ColLRev. (1973) S. 58 ff.

Für die Lösungsmöglichkeit, die die Wirkungen nach dem Recht des Anerkennungsstaates bestimmt, verwendet Neuhaus den Begriff der „Wirkungsangleichung“[184]. Mit Angleichung oder Anpassung werden jedoch regelmäßig Techniken bezeichnet, bei denen die nach dem maßgeblichen Kollisionsrecht anwendbare ausländische Rechtsordnung für die Anwendung im Inland in Einzelfragen modifiziert oder auch in Einzelfragen ausgeschaltet wird[185]. Hier geht es jedoch darum, das ausländische Wirkungsrecht vollständig durch ein inländisches Wirkungsstatut zu ersetzen. Aus diesem Grund erscheint der Begriff „Transformation“ vorzugswürdig[186].

Eine Theorie der Anerkennung ,die für den Bereich der freiwilligen Gerichtsbarkeit die Lösung erleichtern könnte, ist noch nicht entwickelt, wohl weil entweder bereits der bisherige Stand der Diskussion um die Anerkennungsvoraussetzungen eine Beschäftigung mit der Frage der Anerkennungswirkungen überflüssig machte oder die anerkannte Entscheidung die für den hier diskutierten Problembereich charakteristische Divergenz von nach internationalem Prozeßrecht gebotener Anerkennung und von materiellem Recht gebotenen Wirkungen nicht deutlich werden ließ.

Die im zivilprozessualen Bereich vorherrschende Doktrin der „Wirkungserstreckung“, die die Anerkennung als Erstreckung der dem Urteil nach dem Recht des Urteilsstaates zukommenden Wirkungen auf das Inland sieht[187], hat die verfügbaren Äußerungen von Rechtsprechung und Literatur in großem Umfang bestimmt.

Kegel[188] wendet das Wirkungserstreckungskonzept auf alle Arten von Entscheidungen an.

Jansen[189] differenziert zwischen der Anerkennung selbst und dem Zustand, der durch eine anzuerkennende ausländische Entscheidung begründet worden ist. Letzterer könne durch eine andere Regelung ersetzt werden, wenn das anwendbare materielle Recht der lex causae dies zulasse.

In seiner Besprechung des Kommentars von Jansen vertritt Habscheid die Ansicht[190], durch die Anerkennung werde die ausländische Entscheidung „nostrifiziert“: sie werde einer inländischen gleichgestellt und sei daher unter Umständen abänderbar. Dabei bezieht Habscheid die Gleichstellung wohl nur auf die prozessualen Wirkungen.

---

[184] Grundbegriffe S. 440.

[185] *Dölle*, IPR S. 83 ff.; *Neuhaus*, Grundbegriffe S. 358.

[186] Ebenso *Schwind*, Handbuch S. 129.

[187] *St./J. - Schumann / Leipold*, § 328 I.

[188] Lehrbuch S. 487.

[189] FGG Bd. I, § 1 Rdnr. 155.

[190] FamRZ 1970, 558 f.; ebenso *Matscher*, ZZP 86 (1973) S. 404, 408 f.

Auch die Rechtsprechung zur Anerkennung ausländischer Entscheidungen der freiwilligen Gerichtsbarkeit hatte wenig Anlaß, sich zu den Anerkennungswirkungen zu äußern. Immerhin ist die Entmündigungsentscheidung des BGH[191] als eindeutiges Votum für die Wirkungserstreckung zu verstehen, indem der BGH als Anerkennungsvoraussetzung fordert, daß die rechtlichen und tatsächlichen Wirkungen der Entmündigung von denen einer Entmündigung im Inland nicht erheblich zum Nachteil des Entmündigten abweichen dürften, und weiter klarstellt, daß, um eine Änderung der Entmündigungswirkungen herbeizuführen, die ausländische Entscheidung mit Wirkung ex tunc aufgehoben und durch eine Entmündigung nach deutschem Recht ersetzt werden könne.

In vielen Fällen mit Auslandsberührung war dasselbe Recht auf Adoptionsbegründung und Adoptionswirkungen anwendbar, weil die Annehmenden Ausländer waren und das Kind im Staat ihres ständigen Aufenthaltes adoptiert hatten[192].

Das LG Mannheim[193] hatte den Fall einer mit einer Adoption verbundenen Namensänderung zu entscheiden. Der Annehmende war US-Bürger, die Adoption fand in Deutschland und aufgrund der Lehre von der „versteckten Rückverweisung“ nach deutschem Recht statt. Das Landgericht legte das amerikanische Recht[194] unrichtigerweise so aus, daß es nicht nur die Voraussetzungen, sondern auch die Wirkungen nach dem Recht des Staates beurteile, in dem die Adoption vorgenommen wurde. Die Entscheidung ist gleichwohl wichtig, weil — wenn auch vom Standpunkt des US-amerikanischen Kollisionsrechts aus — die Trennung eines Adoptionswirkungsstatuts von einem Adoptionseingehungsstatut ausführlich in Auseinandersetzung mit Bachmann u. a.[195] diskutiert und abgelehnt wird. Die Kammer argumentiert, daß ein ausreichender Schutz gegen unerwünschte Wirkungen des Adoptionsstatuts in der Nichtanerkennung jedenfalls der Wirkungen zu finden sei, die gegen den ordre public verstießen[196]. Dem liegt der Wirkungserstreckungsgedanke zu-

---

[191] BGHZ 19, 240, 245 — die Entscheidung ist freilich nur materiell der freiwilligen Gerichtsbarkeit zuzuordnen.

[192] Etwa OLG Karlsruhe FamRZ 1957, 224 = StAZ 1958, 208; BayObLGZ 1968, 331.

[193] StAZ 1958, 292.

[194] Restatement I, Conflicts § 143 (1934).

[195] StAZ 1955, 36 ff. Da Probleme im Adoptionswirkungsbereich dieser „Rückverweisungs-Adoptionen“ soweit ersichtlich sehr selten von deutschen Gerichten entschieden und in der Literatur ebenso selten diskutiert wurden, scheint es zu weitgehend, wenn *Randzio,* S. 157, von einer „fast einhelligen Meinung“ für eine Trennung von Begründungs- und Wirkungsstatut spricht. Für die Trennung etwa LG Berlin DAVorm 1958/59 Sp. 108 ff. (Adoption nach Texas).

[196] Ebd. S. 293.

grunde, allerdings mit der Einschränkung, daß nicht notwendigerweise alle Wirkungen von der Anerkennung umfaßt werden.

Wenn das BayObLG in seiner Grundsatzentscheidung zur Anerkennung im Bereich der freiwilligen Gerichtsbarkeit für eine Personensorgeregelung ausführt[197], die Folge der Anerkennung sei, daß die Entscheidung des österreichischen Gerichts auch in Deutschland wirkt, so steht es stellvertretend für die Vielzahl der Entscheidungen, bei denen ein Bedürfnis nach Präzision, nach welchem Recht sich die Wirkunken bestimmen, nicht aufgetreten ist.

Weiterhin sind die meist amtsgerichtlichen Entscheidungen zu beachten, die die Annahme durch Deutsche im Ausland anerkannt haben.

Dabei ist allerdings zu unterscheiden zwischen Entscheidungen, in denen die ausländische Adoption nur einem deutschen Adoptionsvertrag in der Weise gleichgestellt wurde, daß sie eine Adoptionsbestätigung durch ein deutsches Gericht nach altem Recht nicht ersetzen konnte[198], und den Fällen, in denen die Auslandsadoption auch die Bestätigung ersetzte[199].

Nur bei der zweiten Fallgruppe ist es sinnvoll, von Anerkennung zu sprechen, da dem ausländischen Justiz- und Behördenakt im ersten Fall gerade die entscheidende Gestaltungswirkung abgesprochen wird, die er im Ausland hat.

Soweit jedoch nicht erneut bestätigt wird[200], wird der Theorie von der Wirkungserstreckung nicht gefolgt. Indem diese Entscheidung unter Berufung auf Art. 22 Abs. 1 EGBGB regelmäßig das Vorliegen der Adoptionsvoraussetzungen des materiellen deutschen Rechts nachprüfen, bedeutet „Anerkennung" hier nicht mehr als Ersetzung der Verfahrenselemente und Entscheidungsformen der deutschen Adoption durch ausländische. Damit wird die Auslandsadoption in das inländische Adoptionssystem eingegliedert. Ihre Wirkungen bestimmen sich konsequenterweise nach deutschem Recht.

Wirkungserstreckung liegt nur hinsichtlich der Vornahme einer Adoption selbst, der Schaffung eines Status vor, der freilich von den deutschen Wirkungen her bestimmt wird. Der Frage, welche Wirkungen dieser Gestaltungsakt im Heimatland des Kindes hat und wie die daraus sich ergebenden Konflikte zu lösen sind, brauchte sich die Rechtsprechung bisher nicht zu stellen.

---

[197] BayObLGZ 1959, 8, 27.

[198] Etwa AG Hamburg StAZ 1965, 157.

[199] Etwa AG Langenberg DAVorm 1972, 294; AG Fürth StAZ 1973, 144.

[200] Zum Problemkreis der Neubestätigung vgl. *Wengler*, NJW 1959, 127; *Beitzke*, NJW 1960, 248; *Schröder*, StAZ 1969, 218.

Die Entscheidung des AG Münster[201] steht dem nicht entgegen. Deutsche hatten in Südvietnam adoptiert, im Rahmen des Adoptionsverfahrens wurde auch der Vorname des Kindes geändert. Obwohl das Gericht die Adoption wegen Verstoßes gegen § 1741 a. F. BGB für unwirksam hielt, wurde die Namensänderung als gültig behandelt. Diese Wirkung der Adoption bestimmte sich aber nur deswegen nach vietnamesischem Recht, weil das nach Ansicht des Gerichts vorrangige deutsche Adoptionsstatut insoweit keine Regelung traf, die Vornamensänderung nach südvietnamesischem Recht gültig war und somit separat anerkannt werden konnte. Wirkungserstreckung also nur, soweit keine Kollision mit Art. 22 Abs. 1 EGBGB vorliegt.

Auch soweit in der Literatur zu diesen Tendenzen der Anerkennungsrechtsprechung Stellung genommen wird, wird die Frage nach den Wirkungen der anerkannten Entscheidung nicht eingehend erörtert.

Schurig[202] weist zutreffend auf die Spannung zwischen berufenem Recht des Art. 22 Abs. 1 EGBGB und der Pflicht zur Anerkennung hin. Die Anerkennung bewirke, daß die prozessualen Folgen der ausländischen Entscheidung auch für uns wirken. Wenig später wird auf die klassische Formel der Wirkungserstreckung zurückgegriffen: Im Wege der Anerkennung würden einer ausländischen Entscheidung im Inland dieselben Wirkungen verliehen, die sie im Ausland habe, und zwar grundsätzlich ohne Rücksicht auf das angewandte Recht[203].

Es bleibt jedoch offen, wie die Kollision zu lösen ist, wenn das Recht der anerkannten Entscheidung andere Wirkungen normiert als das über Art. 22 Abs. 1 EGBGB berufene deutsche Recht.

Sieht das Recht des Entscheidungsstaates beispielsweise eine „schwache“ Adoption vor, kann die Wirkungserstreckungsformel nur bedeuten, daß Beziehungen des Kindes zu seinen leiblichen Eltern weiterbestehen. Um die weitergehenden Wirkungen der deutschen Volladoption zu erreichen, müßte erneut adoptiert werden[204].

Sollen aber vietnamesische Adoptionen in ihren Wirkungen vietnamesischem Recht unterstellt werden, ist es nicht verständlich, wenn etwa Schurig in Übereinstimmung mit der h. Rspr. verlangt, daß die materiellen Voraussetzungen der deutschen Adoption vorliegen müssen[205], sofern sie nicht von den Regeln des Internationalen Prozeßrechts überlagert werden.

---

[201] StAZ 1974, 48; zu namensrechtlichen Fragen näher Abschnitt III, H.

[202] StAZ 1973, 33, 36.

[203] Ebd. S. 37.

[204] So *Magnus / Münzel*, StAZ 1977, 65, 71.

[205] Ebd. S. 38 f.

Insofern ist der prozessuale Standpunkt von Magnus/Münzel[206] konsequent, die unter Berufung auf die Entmündigungsentscheidung des BGH im Rahmen der internationalen Zuständigkeit und des ordre public anerkennen wollen, ohne auf die deutschen materiellen Voraussetzungen Rücksicht zu nehmen.

In Rechtsprechung und Lehre geklärt erscheint jedoch die Frage, ob eine ausländische Entscheidung, nachdem sie anerkannt worden ist, aufgehoben werden kann. In der älteren Literatur hatte es Stimmen gegeben, die die Aufhebung im Anerkennungsstaat als unzulässigen Eingriff in die ausländische innerstaatliche Rechtsordnung betrachteten[207]. Inzwischen hat sich im Anschluß an die Entmündigungsentscheidung des BGH[208] die gegenteilige Ansicht durchgesetzt, weil die Anerkennung überhaupt nur unter dem Vorbehalt erfolge, die Entscheidung notfalls ex nunc aufzuheben[209], oder weil der ausländische Akt formell zu einem inländischen werde[210].

Dies betrifft jedoch nur den Fragenkreis, ob eine gegensätzliche oder modifizierte inländische Entscheidung den ausländischen Akt abändern kann, läßt jedoch offen, ob auch ohne eine neue Entscheidung eine „nostrifizierende" Umformung der Wirkungen nach Auslandsrecht stattfinden kann. Es erscheint ebenso vertretbar, a maiore zu argumentieren, wenn schon der Akt aufgehoben werden kann, könnten erst recht die Wirkungen geändert werden, wie auch, daß man eine ausländische Entscheidung nur ganz oder teilweise außer Kraft setzen könne, nicht aber die bestehende Entscheidung inhaltlich umgestalten dürfe.

B. Die Anerkennungsdiskussion im Zivilprozeßrecht

Läßt der Meinungsstand im Bereich der freiwilligen Gerichtsbarkeit wenig mehr als eine Präponderanz des Wirkungserstreckungskonzepts erkennen, soll versucht werden, mit Blick auf analoge Situationen im Internationalen Zivilprozeßrecht die Bedeutung der Anerkennung für die Wirkungen zu bestimmen.

Auch hier scheint es jedoch, daß in Literatur und Rechtsprechung bisher noch nicht das Bedürfnis gesehen wurde, eine umfassendere Theorie der Anerkennung und ihrer Wirkungen zu entwickeln. Dies mag damit zusammenhängen, daß für den praktisch wichtigsten Bereich anzuer-

---

[206] Ebd. S. 75.

[207] Etwa *Swoboda,* S. 73 unter Berufung auf RGZ 11, 194 ff. (allerdings für ausländische Schiedssprüche).

[208] In dieser Hinsicht besprochen von *Jarck* in NJW 1956, 1359 f.

[209] *Soergel / Siebert - Kegel,* Art. 8 EGBGB Anm. 12 (Entmündigung), vor Art. 7 Anm. 493 (allgemein).

[210] *Jarck,* ebd.; *Habscheid,* Lb. S. 172; *Schäfer,* S. 65.

kennender Entscheidungen, das zivilprozessuale Leistungsurteil, die Wirkung der Anerkennung weitgehend unproblematisch ist: der im Ausland verurteilte Schuldner wird auch im Inland als verpflichtet angesehen, die Leistung zu erbringen. Probleme ergeben sich jedoch bereits bei der Verurteilung zu wiederkehrenden Leistungen, indem sich auch hier die Frage der inländische Abänderbarkeit trotz Anerkennung des Urteils stellt[211]. Dies macht die Bedeutung der Zeitkomponente für die Anerkennungsfrage deutlich: je weiter die Urteilswirkungen in die Zukunft hineinreichen, um so problematischer wird es, sie als durch das anerkannte Urteil abschließend geregelt zu betrachten.

In besonderer Weise trifft dies für Gestaltungsentscheidungen zu, bei denen ein auf längere Dauer angelegtes Rechtsverhältnis konstituiert, geändert oder aufgehoben wird.

Adoptionsentscheidungen sind hinsichtlich ihrer Wirkung mit Gestaltungsurteilen vergleichbar. Sie begründen oder ändern Rechtsverhältnisse zwischen dem Adoptivkind und seiner leiblichen Familie einerseits, sowie zur Adoptivfamilie andererseits. Unterschiede in Verfahren und Bestandsschutz können zunächst vernachlässigt werden.

Die hier relevante Fallgruppe, daß ein Rechtsverhältnis durch eine anerkennungsfähige ausländische Entscheidung gestaltet wird, das nach den Regeln des deutschen IPR dem Recht der Bundesrepublik unterliegt, ist für zivilprozessuale Gestaltungsurteile insbesondere im Zusammenhang mit ausländischen Scheidungsurteilen diskutiert worden[212], bei denen allerdings bestimmte Wirkungen der Scheidung schon nach deutschem IPR dem Gestaltungsstatut des Art. 17 EGBGB unterstellt werden, während das deutsche Adoptionsstatut eine entsprechende Trennung nicht vornimmt.

Auch in anderer Hinsicht ist die Sachlage bei einer Scheidung unkomplizierter als bei einer Adoption, weil es zwar eine Anzahl verschiedener Scheidungsverfahrenstypen gibt, die Hauptwirkung der Scheidung — die Auflösung der Ehe — aber international einheitlich ist. Demgegenüber bewirkt die Typenvielfalt der Adoption, daß schon bei wesentlichen Wirkungen wie dem Umfang der Herauslösung des Kindes aus seiner leiblichen Familie Divergenzen unter den in Betracht kommenden Rechtsordnungen bestehen können.

In der Diskussion dominiert auch hier die Wirkungserstreckungstheorie, die Gestaltungswirkung des ausländischen Urteils wird auf das In-

---

[211] *Baumbach - Lauterbach,* § 323 I; *St./J. - Schumann/Leipold,* § 323 II c jeweils mit weiteren Nachweisen.

[212] *Müller,* ZZP 79 (1966) S. 199, insbes. 224 ff.; *Matscher,* FS Schima S. 265, 284 ff.

land erstreckt[213]. Matscher[214] präzisiert dies dahin, daß nur die Gestaltung selbst, nicht aber deren Nebenwirkungen Gegenstand der Anerkennung seien.

Für den Fall, daß das materielle Recht in seinem Bereich die im ausländischen Gestaltungsurteil ausgesprochene und bewirkte Gestaltung nicht kennt, sieht Matscher die Alternative, nicht anzuerkennen oder die Diskrepanz mit dem anwendbaren materiellen Recht in Kauf zu nehmen.

Ist aus Gründen des Internationalen Prozeßrechts anzuerkennen, bleibt zu klären, welches Recht auf die Gestaltungsfolgen anzuwenden ist, wenn die Anerkennungswirkung nur die Gestaltung selbst umfaßt, das berufene Sachrecht diese Gestaltung aber nicht kennt und somit eine Regelungslücke besteht.

Müller[215] sieht dies als Anpassungsproblem. Entweder seien die Regelungen der berufenen Rechtsordnung für ähnliche Fälle anzuwenden (statt Scheidung etwa Trennung von Tisch und Bett), oder man habe eine Ersatzanknüpfung zu finden, die eine sachliche Beziehung zu dem fraglichen Rechtsverhältnis habe (etwa das dem Scheidungsurteil zugrundeliegende Recht statt des an sich anwendbaren Personalstatuts oder das Recht des Aufenthalts analog Art. 29 EGBGB).

Entsprechendes kann auf die Fallgruppe übertragen werden, daß die maßgebliche Rechtsordnung die Gestaltung zwar kennt, daran jedoch Wirkungen knüpft, die von den Gestaltungswirkungen des Rechts des Entscheidungsstaates wesentlich abweichen.

Neuhaus[216] sieht eine Tendenz zur Kumulierung beider Rechte auch für die materiellen Wirkungen, bei denen „natürlich" die jeweiligen Kollisionsnormen einzuschalten seien, so daß z. B. die Wirkungen eines ausländischen Scheidungsurteils in Deutschland unter Beachtung des Personalstatuts der Parteien zu bestimmen seien. Dies läßt freilich offen, wie weit die Beachtung des Personalstatuts gehen soll.

Daraus ergibt sich, daß auch aus dem zivilprozessualen Begriff der Anerkennung keine zwingenden Schlüsse für die Frage der Entscheidungswirkungen im Anerkennungsstaat gezogen werden können, außer daß nahegelegt wird, den Umfang der Gestaltung der Entscheidung zu untersuchen.

---

[213] Etwa BayObLG IPRspr 1966/67 Nr. 261 S. 805; vgl. auch *Schütze*, S. 11; *Riezler*, S. 512.

[214] Ebd. S. 285.

[215] Ebd. S. 231 ff.

[216] Grundbegriffe S. 441.

C. Art. 22 EGBGB

Es besteht der Grundsatz, Art. 22 Abs. 1 EGBGB unterstelle sowohl Adoptionsbegründung wie auch Adoptionswirkungen dem Personalstatut des Annehmenden[217]. Die kollisionsrechtlich einheitliche Behandlung von Begründung und Wirkungen hat weiter zu der Annahme geführt, das Adoptionsstatut sei — im Gegensatz etwa zum Recht der persönlichen Ehewirkungen (Art. 14 EGBGB) oder dem Kindschaftsrecht (Art. 19 EGBGB) — unwandelbar an die Staatsangehörigkeit des Annehmenden zur Zeit der Annahme geknüpft[218].

Für die Problematik der Anerkennungswirkungen führt die Besinnung auf Art. 22 Abs. 1 EGBGB damit in ein Dilemma. Die konsequente Anwendung des Einheitlichkeits- und Unwandelbarkeitsdogmas führt nämlich dazu, daß bei der Adoption im Ausland nach der lex loci adoptionis dieses Auslandsrecht auch für die Wirkungen in Deutschland maßgeblich ist. Damit aber wird die normierte Unterstellung unter das Personalstatut der deutschen Annehmenden gegenstandslos. Eine Anerkennung würde damit Art. 22 Abs. 1 EGBGB nicht nur in seinem Wirkungsbereich einschränken, sondern überspielen.

Der Wortlaut des Art. 22 Abs. 1 EGBGB, der durch die Adoptionsreform von 1976 nur terminologisch angepaßt wurde[219], ist freilich zu allgemein, um zwingende Schlüsse für die Wirkungen einer anerkannten Adoptionsentscheidung zu gestatten. Es kann davon ausgegangen werden, daß der Gesetzgeber weder zur Zeit der Schaffung des EGBGB noch bei der redaktionellen Anpassung des Art. 22 Abs. 1 die Anerkennungsproblematik regeln wollte.

Eine Analyse allein des Wortlautes ließe es möglicherweise sogar zu, Art. 22 auf die Adoptionsbegründung zu beschränken, indem eine Parallele zu der in der gleichen Vorschrift geregelten Legitimation gezogen wird, deren Wirkungen dem Kindschaftsstatut des Art. 19 EGBGB unterstehen, oder indem der Satzteil „zur Zeit der Annahme" als Indikation auch der materiellen Reichweite interpretiert wird. Dagegen sprechen jedoch wichtige Gründe aus der Entstehungsgeschichte[220].

Im übrigen wäre mit dieser restriktiven Interpretation, die eine Regelungslücke hinsichtlich der Wirkungen lassen würde, nicht viel gewonnen, da es für die hier zu lösende Frage nicht entscheidend ist, ob

[217] *Soergel / Siebert - Kegel*, Art. 22 EGBGB Anm. 57; *Palandt - Heldrich*, Art. 22 EGBGB Anm. 4 c; Nachweise aus der Entstehungsgeschichte bei *Oberloskamp*, Diss. S. 71 Fn. 1 und S. 157 ff. und *Görgens*, FamRZ 1978, 763.

[218] *Staudinger - Raape*, Art. 22 EGBGB D II 4; *Palandt - Heldrich* ebd.; *Soergel / Siebert - Kegel*, Art. 22 EGBGB Anm. 8.

[219] BT Drs. 7/3061 S. 56.

[220] Dazu *Oberloskamp*, ebd.; vgl. auch Actes et Doc., S. 15: die Wirkungen werden nur „en vertu de la jurisprudence" Art. 22 Abs. 1 unterstellt.

Art. 22 Abs. 1 EGBGB die Wirkungen überhaupt nicht oder nur die Wirkungen anerkannter ausländischer Entscheidungen nicht regelt. Diese Vorschrift ist in jedem Fall keine ausreichende Argumentationsbasis für die Entscheidung der Wirkungsfrage[221].

Art. 22 Abs. 1 EGBGB bestimmt die Rechtswahl für deutsche Adoptionsgerichte. Darüber hinaus bleibt die herkömmliche Interpretation des Art. 22 als Wertung der h. M. wesentlich, das Personalstatut des Annehmenden sei das für die Adoptionswirkungen sachnächste Recht. Über das Zusammenwirken des Personalstatuts mit einem inhaltlich davon abweichenden Begründungstatut ist Art. 22 freilich nichts zu entnehmen.

D. Das Verhältnis von „Gestaltung" und „Wirkungen"

Divergenzen zwischen Begründungs- und Wirkungsstatut ergeben sich in zunehmendem Maße bei Anerkennungsabkommen. Der Problematik wird oft dadurch Rechnung getragen, daß die Verträge auch einheitliche Kollisionsregeln enthalten, die etwa die Anwendung der jeweiligen lex fori gebieten[222].

Das Fehlen einer entsprechenden Norm legt es nahe, an die Diskussion im Zivilprozeßrecht anzuknüpfen und nach Grundsätzen zu suchen, die es ermöglichen, auch im Bereich des internationalen Adoptionsrechts zwischen anerkennbarer Gestaltung und Gestaltungswirkungen zu differenzieren.

Der fehlende Gleichlauf von IPR und Internationalem Prozeßrecht der freiwilligen Gerichtsbarkeit würde an Bedeutung verlieren. Die Folgen der Gestaltung könnten Art. 22 Abs. 1 EGBGB unterstellt werden, die Problematik eines umfassenden Wirkungserstreckungskonzepts wäre durch Reduzierung der Wirkungen auf die Gestaltung entschärft. Die vietnamesische Entscheidung könnte als „Adoption" anerkannt, die sich daraus ergebenden Rechtsbeziehungen aber deutschem Sachstatut unterstellt werden — ein Ergebnis, das einer Reihe von deutschen Gerichtsentscheidungen zumindest unausgesprochen zugrundeliegt[223].

Um Gestaltung analytisch von ihren Wirkungen zu trennen, wird vorausgesetzt, daß der kreierte Status für sich selbst genommen hinreichend bestimmt ist. So mag es zunächst sinnvoll erscheinen, zum Beispiel von

[221] Die rechtspolitische Basis des Art. 22 betrachten z. B. *Neuhaus*, Grundbegriffe S. 127: „patriarchalische Auffassung der Adoption" und *Oberloskamp*, Diss. S. 159 ff. als entfallen.

[222] Etwa Art. 2 des Minderjährigenabkommens vom 5. 10. 1961; dazu *Kropholler*, S. 110 ff. Text des Abkommens ebd. S. 125 ff. und *Palandt - Heldrich*, Anh. zu EGBGB 23, 4 g.

[223] Vgl. die oben unter III A genannten Entscheidungen, wobei es im Ergebnis unerheblich ist, ob bereits die Adoptionsvoraussetzungen nach deutschem Recht beurteilt oder erst die Wirkungen „nostrifiziert" werden.

„Ehe“ zu sprechen, ohne die einzelnen Wirkungen hinsichtlich Lebensgemeinschaft, Unterhalt, Erbfolge, Haftung, Steuerpflicht, Sozialversicherung usw. zu kennen, die die verschiedenen Rechtsordnungen mit dem Institut verbinden.

Ebenso nimmt Müller[224] die Scheidung als Beispiel für die Notwendigkeit seiner scharfen Unterscheidung „zwischen der Wirksamkeit der Gestaltung und den rechtlichen Auswirkungen dieser wirksamen Gestaltung“ und versucht kollisionsrechtliche Kriterien für die Beurteilung der einzelnen Wirkungen danach zu finden, ob sie unter das für die Wirksamkeit der Gestaltung maßgebliche Statut fallen oder selbständig anzuknüpfen sind.

Im Rahmen dieser Überlegungen weist er zutreffend darauf hin, daß der Inhalt eines Gestaltungsaktes von dem Recht bestimmt wird, dem dieser Gestaltungsakt unterworfen ist, und daß man sagen müsse, daß der konkrete Inhalt der Scheidung als Gestaltungsakt im wesentlichen durch alle unmittelbaren rechtlichen Folgen des Gestaltungsaktes bestimmt wird[225].

Damit wird freilich ungewiß, welchen Sinn die geforderte Differenzierung zwischen Gestaltung und Wirkungen haben kann. Die Abstraktion von den Wirkungen führt zu scheinbar plausiblen Umschreibungsmöglichkeiten der Gestaltung „Ehe“ oder „Scheidung“, dies aber nur, weil bestimmte Wirkungen so selbstverständlich mit diesen Instituten verknüpft sind, daß sie automatisch mitgedacht werden, wenn m. a. W. die mit der Statusänderung verbundene Gestaltungswirkung „Auflösung einer bestehenden Ehe“, „Begründung eier Ehe“ sich bereits aus der semantischen Bedeutung des Begriffs „Scheidung“ oder „Eheschließung“ ergibt und nur Nebenfolgen problematisch sind[226].

Die Trennung ist jedenfalls in der vorgeschlagenen Form nicht sinnvoll, wenn die Wahrscheinlichkeit international übereinstimmender Vorstellungen über den Status und die damit verbundene Gestaltung gering ist. Dies trifft für die Adoption jedenfalls noch zu.

Ehrenzweig[227] kritisiert auf dieser Basis die Bemühungen, zwischen „status“ und „incidents“ zu unterscheiden und damit das, was für In-

[224] ZZP 79 (1966) S. 199, 224 ff.

[225] Ebd. S. 226.

[226] Vgl. *Soergel / Siebert - Kegel,* Art. 17 EGBGB Anm. 95 ff. Dies erklärt auch, warum für die Ehewirkungen die lex loci celebrationis kollisionsrechtlich weitgehend unbeachtlich ist (für das deutsche Recht: Art. 13 gegenüber Art. 14, 15 EGBGB; international vgl. *O'Connell,* S. 645). Das gleiche gilt für die ehel. Kindschaft, die dem Kind überall die Stellung eines legitimen Abkömmlings verleiht, auch wenn z. B. sein Erbrecht aufgrund von Regeln über das Erstgeburtsrecht unterschiedlich beurteilt werden kann (Beispiel von *Taintor,* S. 254).

[227] General Part S. 127 ff. „miscarriage of academic construction“ (129).

stitutionen wie Ehe und Kindschaft möglich sein mag, auf das „modernere“ Institut der Adoption zu übertragen.

Diese Kritik ist im Licht der US-amerikanischen Praxis zu sehen, die „Gestaltung“ nach dem Recht des Adoptionsortes, die „Wirkungen“ nach dem für die jeweilige Einzelwirkung maßgeblichen Recht des Forum zu bestimmen[228]. Ehrenzweig wendet sich gegen eine Statusauslegung, die auf eine automatische Gleichsetzung ausländischer und inländischer Institute gleichen Namens hinausläuft und die nur dann sinnvoll sein könne, wenn die Rechtsordnung des Anerkennungsstaates ausdrücklich oder implizit diese Gleichsetzung vorschreibe[229].

Die Kritik ist berechtigt, soweit sie sich gegen den Schluß von der Qualifikation als „Adoption“ auf eine Wirkungsäquivalenz wendet, der freilich im Verhältnis der US-amerikanischen Einzelstaaten untereinander eine größere Berechtigung hat als im Verhältnis zum Ausland. Sie erscheint insofern zu weitgehend, als der durch die Adoption begründete „Status“ immerhin als begriffliche Zusammenfassung einer Anzahl von Wirkungen dienen kann.

Die Herausarbeitung der Statusbegründung „Adoption“ hat somit einen zumindest heuristischen Wert, denn der semantische Gehalt des Begriffs ist zwar unschärfer als der der „Ehe“, „Kindschaft“, „Scheidung“ usw., gleichwohl aber nicht konturenlos.

In der Anerkennungsdiskussion ist daher zunächst zu fragen, ob der gestaltete Status eine Adoption ist. Dies ist mit der zu Beginn diskutierten Qualifikationsfrage identisch.

Weiter ist zu prüfen, worin die „Gestaltung“ besteht. Dies ergibt sich aufgrund der Analyse des maßgeblichen materiellen Rechts des Staates, in dem die Adoption vorgenommen wurde und der danach vorgesehenen Wirkungen.

Die Adoptionswirkungen, d. h. die Gesamtheit der Rechtsfolgen und möglichen Rechtsfolgen, die eine Adoptionsentscheidung nach der jeweiligen Rechtsordnung hat, stehen zu diesem Rechtsphänomen in unterschiedlicher Beziehung. Einzelne Wirkungen sind unerläßlich: sie konstituieren die Gestaltung „Adoption“. Dazu sind, wie im Qualifikationszusammenhang deutlich wurde, die vollständige Übertragung der elterlichen Gewalt auf die Adoptiveltern und ihre primäre Unterhaltspflicht gegenüber dem Kind zu rechnen. Diese Wirkungen sollen im folgenden als Grundwirkungen bezeichnet werden.

Andere Wirkungen charakterisieren den jeweiligen konkreten Adoptionstyp. Dazu gehört bei der einfachen oder schwachen Adoption etwa

[228] Dazu Abschnitt III, F, e.

[229] Ebd. S. 128/129.

das Bestehenbleiben von Unterhaltsverpflichtungen im Verhältnis der leiblichen Verwandten zum Kind, bei der Volladoption deren Beendigung. Diese über die minimalia adoptionis hinausgehenden, den jeweiligen Adoptionstyp konkretisierenden Wirkungen sollen als „spezifische Wirkungen“ definiert werden. In diesen Bereich gehören die jeweiligen Regelungen der Erbfolge nach den Eltern und Adoptiveltern, des Namensrechts, der wechselseitigen Unterhaltsverpflichtungen sowie die Regelungen über die Beendigung des Adoptionsverhältnisses — Regelungen, die die Beziehungen zwischen den Beteiligten bestimmen.

Die verbleibende Gruppe von Wirkungen kann als „Nebenfolgen“ bezeichnet werden. Hierher sind die Regelungen zu rechnen, die das Bestehen einer Adoption als Voraussetzung oder Vorfrage für den Eintritt einer Rechtsfolge normieren, die nicht die Rechtspositionen zwischen Eltern, Adoptiveltern und Kind im Rahmen der Eltern-Kind-Verhältnisse zuordnet, sondern die Rechtsstellung von Adoptionsbeteiligten in Zusammenhängen außerhalb des „Adoptionsrechtskreises“ bestimmt, indem z. B. Rechte oder Pflichten gegenüber Dritten, dem Staat oder öffentlichen Einrichtungen geregelt werden. Oder Regelungen, die ein so starkes selbständiges öffentliches Interesse beinhalten, daß der Gesetzgeber bei der Normierung eines Adoptionstyps nicht durch Gebote der Systemgerechtigkeit und Konsequenz gebunden ist, diese Fragen in einer bestimmten Weise zu regeln.

Zu denken ist an steuer- und versicherungsrechtliche Anknüpfungen an die Adoption als Voraussetzung für die Gewährung von Kinderfreibeträgen etwa, die Einbeziehung des Kindes in die Krankenversicherung der Eltern usw. Weiterhin sind in diesem Bereich Fragen der Staatsangehörigkeit, der strafrechtlichen Stellung als „Angehöriger“, der deliktischen Haftung der Adoptiveltern für Fehlverhalten des Adoptivkindes oder der Haftung Dritter für Verletzung des Kindes oder der Adoptiveltern entsprechend §§ 844, 845 BGB zu nennen.

Auch Heiratsverbote sind hier einzuordnen, obwohl sie die Beziehungen zwischen den Adoptionsbeteiligten betreffen, weil sie nicht die personen- oder vermögensrechtliche Konkretisierung der Eltern-Kind-Beziehungen zum Gegenstand haben, sondern mit wesentlich anderer Zielsetzung ordnungspolitische Vorstellungen bei der Eheschließung durchsetzen sollen.

Die Nebenfolgen sind wiederum in unterschiedlicher Weise mit den Grundwirkungen und spezifischen Wirkungen verzahnt: Zum Teil knüpfen sie an Tatbestände an, die Gegenstand der Grundwirkungen sind, indem etwa der Gesetzeszweck für Kinderfreibeträge die Tatsache ist, daß die Adoptiveltern dem Kind Unterhalt gewähren, zum Teil beziehen sie sich auf den spezifischen Adoptionstyp, indem etwa gerade die Gleichstellung mit ehelichen Kindern bei der Volladoption Anlaß dafür ist, den Adoptivkindern auch ein Erbrecht gegenüber den Verwandten der Annehmenden einzuräumen.

In ähnlicher Weise differenziert auch das Institut de Droit International zwischen „typical or basic incidents“, worunter die Wirkungen verstanden werden, die die direkte Auswirkung (direct impact) der Adoption auf den Personalstatus des Adoptierten, insbesondere im Verhältnis zu der neuen und alten Familie kennzeichnen, und den Wirkungen der Adoption in anderen Rechtsbereichen, in denen die Adoption Voraussetzung für bestimmte Rechtsfolgen ist, die sich aus anderen Rechtsinstituten ergeben (stemming from other legal institutions)[230].

Der ersten Gruppe werden Namensrecht, elterliche Gewalt und die Rechte und Pflichten zwischen Eltern und Kind einschließlich des Unterhaltes zugerechnet. Die zweite Gruppe umfaßt u. a. Eheverbote, Erbfolge, stellvertretende deliktische Haftung und Ersatzansprüche für indirekte Schäden wie entgangenem Unterhalt[231].

Es ist nicht möglich, eine scharfe Trennungslinie zwischen Grundwirkungen, spezifischen Wirkungen und Nebenfolgen zu ziehen, die allgemeiner Zustimmung sicher sein könnte.

Es scheint zum Beispiel problematisch, mit dem Institut de Droit International die Erbfolge aus dem Bereich der „basic incidents“ herauszunehmen, da jedenfalls in Staaten, die einen Typ der einfachen Adoption vorsehen, die historische Bedeutung der Adoption als Erbfolgeregelung für Kinderlose noch einen sehr wesentlichen Adoptionszweck darstellen kann.

Welche Wirkungen „accidentalia“ und „essentialia“ der Adoption sind, kann mit Anspruch auf internationale Gültigkeit nur ansatzweise festgelegt werden, da als archimedischer Punkt nur das unpräzise Leitbild „Adoption“[232] zur Verfügung steht. Auch der Blick auf die konkrete Rechtsordnung des Entscheidungsstaates erleichtert die Bestimmung zwar, da ein konkreter Adoptionstyp vorgegeben ist, beseitigt aber nicht alle Unklarheiten, weil diese Rechtsordnung keinen Anlaß hat, Kategorisierungshilfen dafür zu geben, welche der von ihr normierten Wirkungen adoptionsnäher, welche adoptionsferner sind.

Auch der Richter des Heimatstaates des Kindes, der die Adoption ausspricht, hat keinen Anlaß, Vorstellungen zu entwickeln, welche Wirkungen der von ihm vorgenommenen Gestaltung Adoption unmittelbar, welche mittelbar mit diesem Institut verknüpft sind, sondern wird bei seiner Entscheidung von der Summe der Wirkungen, die das Heimatrecht

---

[230] *De Nova,* Provisional Report Annuaire S. 117 ff.

[231] *De Nova,* ebd. S. 121; Artt. 4, 5 der Resolution Annuaire S. 792 ff.

[232] Vgl. *Oberloskamp,* Diss. S. 22 ff. zur Konstruktion eines „modellhaften Werttypus“.

des Kindes mit der Adoption verbindet, geleitet sein. Damit kann jedenfalls nicht gesagt werden, der Richter „wolle“ nur die „Gestaltung“ bewirken, nicht jedoch z. B. die Nebenfolgen erzielen.

Diese wenn auch unvollkommene Differenzierung erleichtert jedoch die Beurteilung der Anerkennungsfolgen, da sie die verfehlte Differenzierung nach „Gestaltung“ und „Wirkungen“ überflüssig macht, andererseits aber versucht, die unterschiedlichen Einzelwirkungen in ihrer jeweiligen systematischen Nähe zu der ausgesprochenen Adoption zu sehen, um von da aus die Frage zu beantworten, welche Gruppe von Wirkungen in welchem Maße transformiert werden können, ohne die der Entscheidung selbst zugrundeliegende Interessenbewertung der Beteiligten zu sehr zu verändern.

E. Diskussion der Anerkennungsmodelle

Die Grundwirkungen sind im Anerkennungszusammenhang weitgehend unproblematisch, da Transformation und Rezeption bei den „minimalia adoptionis“ konvergieren. Weichen sie ab, liegt keine als Adoption anzuerkennende Gestaltung vor.

Schwierigkeiten können sich auch in diesem Bereich allerdings aus fehlender Identität der Begriffsfelder von „elterlicher Gewalt“[233] oder „Unterhalt“ im Entscheidungs- und im Anerkennungsstaat ergeben. So mag — um ein Beispiel von Reese aufzugreifen[234] — der Entscheidungsstaat ein Züchtigungsrecht der Eltern als Personensorge begreifen, der Anerkennungsstaat dagegen nicht.

Andererseits haben gerade die kindschaftsrechtlichen Begriffe wie „Personensorge“, „elterliche Gewalt“ oder auch „Unterhalt“, wie sich aus der Existenz dazu bestehender Abkommen schließen läßt[235], einen international gültigen Begriffskern. Verbleibende Inkongruenzen in Detailfragen wie dem Züchtigungsrecht oder bezüglich der Art des zu gewährenden Unterhalts können nach Maßgabe des Rechts gelöst werden, das die spezifischen Wirkungen bestimmt.

Die entscheidenden Probleme treten bei den spezifischen Wirkungen auf.

Die Adoption berührt drei Interessenbereiche unmittelbar: die des Kindes, der leiblichen Eltern und der Wahleltern. Mittelbar betroffen sind die weiteren Verwandten.

---

[233] z. B. steht die Personensorge mitunter nur dem Vater zu; vgl. etwa LG Hannover NJW 1972, 1625 ff. (Syrien).

[234] Annuaire, S. 211.

[235] Etwa das Haager Unterhaltsabkommen oder das Minderjährigenschutzabkommen (vgl. Fn. 222).

Die Adoptionsentscheidung ordnet die Rechtsbeziehungen zwischen Kind und Eltern und zwischen Kind und Wahleltern korrelativ. Je mehr das Kind den Wahleltern zugeordnet wird, desto weiter werden die Bindungen zu den leiblichen Eltern unterbrochen. Adoption ist — der freilich gewagte Vergleich aus dem Bereich anderer Statusgestaltungen mag hier erlaubt sein — „Scheidung" und „Eheschließung" in einem Vorgang.

Es ist daher nicht möglich, die Integration des Kindes in die Wahlfamilie bei der Beurteilung der Wirkungen einseitig in den Vordergrund zu rücken, die damit verbundene Desintegration aus der Blutsfamilie aber zu vernachlässigen[236].

Hat das ausländische Gericht nach Maßgabe seines materiellen Rechts und seines Verfahrensrechts die Adoption ausgesprochen und sieht dieses Recht für die Adoption das Bestehenbleiben verwandtschaftlicher Beziehungen zwischen leiblichen Eltern und Kind vor, so beabsichtigte das Gericht nicht irgendeine „Adoption" auszusprechen, sondern die Rechtsfolgen der lex fori herbeizuführen.

Die Situation ist anders, wenn das ausländische Gericht stellvertretend für ein deutsches Vormundschaftsgericht gegebenenfalls unter Anwendung der deutschen materiellen Voraussetzungen eine Adoption angeordnet oder bestätigt hat, die als Volladoption deutschen Typs begriffen wurde. Dies ist denkbar, wenn das ausländische IPR die Anwendung des Personalstatuts der Annehmenden vorschreibt, sei es das Recht der Nationalität oder des gewöhnlichen Aufenthaltes. Dieser Fall wirft im Zusammenhang mit den Anerkennungswirkungen keine Probleme auf. Die Wirkungen der Adoption sind — sofern nicht Mängel im Verfahren vorliegen, die eine Anerkennung verbieten — die des deutschen materiellen Adoptionsrechts[237].

Im wesentlichen unproblematisch ist auch die Fallgruppe, daß das ausländische Recht eine dem deutschen Typ der Volladoption äquivalente Adoptionsform vorsieht, d. h., daß das Kind auch nach dem Auslandsrecht die Stellung eines ehelichen Kindes der Annehmenden erwirbt[238].

---

[236] Die Bemerkung *Lipsteins* (Clunet S. 144), „adoption affects status, but the status involved is that of becoming a child in the adoptor's family, and only to a very minor extent that of ceasing to be a child in his original family", erscheint als zu weitgehende Betonung des sozialen Zweckes der Adoption, das Kind in die neue Familie zu integrieren, die nicht dazu führen darf, diesem Zweck die Belange der leiblichen Verwandten bei der Statusänderung unterzuordnen. Davon zu trennen ist freilich die Frage, inwieweit dieser Zweck die Interpretation dogmatischer Fragen nach dem Vollzug der Statusänderung bestimmt.

[237] *Schlosser*, S. 314 ff. diskutiert die Tragweite zivilprozessualer Gestaltungsurteile, die sich auf eine ausländische lex causae stützen, und empfiehlt einen ausdrücklichen Hinweis im Urteil, daß der Gestaltungseffekt nur mit den Wirkungen des fremden Rechts eintreten soll.

Im folgenden wird davon ausgegangen, daß eine „schwache" Adoption dekretiert oder bestätigt wurde, weil in diesem Fall die Unterschiede zum deutschen Adoptionsrecht besonders plastisch hervortreten.

Das Rezeptionsmodell[239], das die spezifischen Wirkungen des Entscheidungsstaates auf das Anerkennungsland erstreckt, erhält das der ausländischen Entscheidung zugrundeliegende Adoptionmodell. Daraus ergeben sich folgende Vorteile: Zum einen wird die (mögliche) Abstimmung des ausländischen Verfahrens auf den materiellen Adoptionstyp, indem etwa eine schwache Adoption geringere Anforderungen an die Verfahrensbeteiligten der leiblichen Eltern stellen mag, nicht übergangen. Der Entscheidung wird weiterhin nicht ein anderer Inhalt „unterschoben" als von dem Entscheidungsorgan beabsichtigt war. Es tritt ferner keine Änderung der Rechtspositionen der Adoptionsbeteiligten ein, zu der sie nicht ihre Zustimmung gegeben haben, indem die konsentierte schwache Adoption zur deutschen Volladoption transformiert wird. Schließlich bleibt das Adoptionsstatut einheitlich.

Dem stehen folgende Nachteile gegenüber: Auf die Beziehungen der Adoptiveltern zu dem Kind wird ein Recht angewandt, das insofern nicht sachnah ist, als es die Tatsache der Lebensgrundlage in der Bundesrepublik außer acht läßt und damit auch die Wertung des Art. 22 Abs. 1 EGBGB in der Interpretation durch die h. M. nicht berücksichtigt. Weiterhin führt die Rezeption dazu, daß ein neuer Adoptionstyp in der Bundesrepublik Beachtung finden muß, was z. B. Schwierigkeiten bei der Anpassung konkreter Wirkungen mit sich bringt. Schließlich ist das danach maßgebliche ausländische Recht für deutsche Gerichte und Behörden oft nicht leicht feststellbar.

Bei der Transformationslösung kehren sich die erwähnten Vor- und Nachteile um.

Die Aufteilung bestimmter spezifischer Wirkungen unter das Heimatrecht des Kindes und das deutsche Recht bietet eine Zwischenlösung. Zu denken ist insbesondere daran, die Beziehungen zwischen Kind und leiblichen Eltern dem Heimatrecht des Kindes, die Beziehungen zur Adoptivfamilie dem deutschen Recht zu unterstellen[240].

Für diese Lösung spricht, daß sie aufgrund der jeweiligen Sachnähe zu differenzieren sucht. Insbesondere berücksichtigt sie, daß Rechtspositionen der Eltern wie etwa Unterhaltsansprüche gegen das Kind

[238] Zu dieser Fallgruppe vgl. das Kreisschreiben der Eidgenössischen Justizabteilung vom 28. 5. 1975 in ZBlJR 1976, 59, 60 (Ziff. 2).

[239] Für die Rezeption „einfacher Adoptionen" spricht sich die Eidgenössische Justizabteilung ebd. S. 60 ff. aus; generell für das Rezeptionsmodell *Rabel*, S. 695.

[240] So etwa der Vorschlag *Bahr / Steiger*, Actes et Doc S. 310; vgl. dazu auch den Überblick bei *Oberloskamp*, Diss. S. 61 ff.

nicht ohne deren Zustimmung durch eine Änderung des maßgeblichen Rechts beendet werden.

Nachteilig ist, daß sie die Korrelation der Rechtsbeziehungen, die Wechselwirkung zwischen Integration in die neue Familie mit der Desintegration aus der alten, nicht genügend beachtet.

Dies führt zu dem von v. Overbeck[241] beschriebenen Fall der Normenhäufung, daß das ausländische Kind bei „schwacher" ausländischer Adoption und inländischer Volladoption „eineinhalb" Familien erhalte. Die Distribution der Wirkungen auf verschiedene Rechtsordnungen ist freilich nicht undenkbar[242]. Ist vorausgesetzt, daß Adoption die Übertragung der elterlichen Gewalt und der primären Unterhaltspflicht bedeutet, treten Schwierigkeiten im Bereich der spezifischen Wirkungen vor allem in Fragen der Unterhaltspflicht des Kindes, der Erbfolge und des Namensrechts auf. Das Kind kann etwa beiden Elternpaaren zum Unterhalt verpflichtet sein, gegenüber beiden erbberechtigt sein, wie umgekehrt beide Eltern das Kind beerben mögen.

Dies wirft die Frage auf, welches Recht das Rangverhältnis der Ansprüche bestimmt, ist aber grundsätzlich vorstellbar. Anders ist es, wenn eine Rechtsbeziehung nur einheitlich beurteilt werden kann. In diesen Fällen führt eine Kumulierung der in Betracht kommenden Rechtsordnungen zu Widersprüchen, die, wie etwa im Fall unterschiedlicher Regelungen des Namensrechts, die Entscheidung für ein Recht notwendig machen.

Ähnlich ist es, wenn eine Rechtsbeziehung nicht eindeutig einer der beiden Rechtssphären zuzuordnen ist oder wenn die „distributive Kumulation" zu Ergebnissen führt, die vom Standpunkt einer Rechtsordnung aus nicht akzeptabel sind.

Bezweckt das Anerkennungsrecht die möglichst vollständige Integration des Kindes in die Adoptivfamilie, so erscheint es zwar noch vertretbar, vermögensrechtliche Ansprüche im Verhältnis zur leiblichen Familie bestehen zu lassen, irgendwelche Kontroll- oder Verkehrsrechte der leiblichen Eltern, die in den personenrechtlichen Bereich eingreifen, sind hingegen mit diesem Adoptionszweck nicht vereinbar.

Insgesamt erscheint die „distributive Kumulation" zu komplex oder akademisch, um den praktischen Rechtsanwendungsproblemen gerecht zu werden. Der „Hauptwiderspruch" zwischen den beteiligten Rechten wird in zahlreiche „Unterwidersprüche" aufgegliedert. Bei jeder Einzelfrage hat der zuständige Richter oder Beamte zu entscheiden, ob die zur

[241] FS Kollewijn / Offerhaus S. 377.

[242] Anders wohl *v. Overbeck*, ebd. S. 376 „ne paraît pas concevable", abweichend aber in Actes et Doc., S. 311 „le cumul des deux lois n'est donc pas impossible".

Entscheidung stehende Materie eher dem Verhältnis Kind - leibliche Eltern oder dem Verhältnis zur Adoptivfamilie zuzuordnen ist, danach, wenn eine eindeutige Zuordnung nicht möglich ist, welches Recht den Vorrang haben soll, wenn aber eine Zuordnung möglich ist, ob das danach anzuwendende Recht zu untragbaren Widersprüchen mit dem in dieser Frage an sich nicht anwendbaren Recht führt und welche Lösung dann gilt. Die Gefahren für den Entscheidungseinklang liegen auf der Hand. Gleichwohl bleibt nur die „depeçage", wenn die Herausarbeitung eines umfassenden Wirkungsstatuts nicht möglich ist.

Damit ist zwischen der Anwendung des Heimatrechts des Kindes und dem deutschen Personalstatut der Annehmenden abzuwägen. Die Entscheidung wird hier, um das Ergebnis vorwegzunehmen, zugunsten des Rechts der Annehmenden getroffen.

F. Das Transformationsmodell

a) Verfassungsrechtliche Aspekte

Das wichtigste Argument gegen die Unterstellung der spezifischen Adoptionswirkungen unter deutsches Recht ist die damit verbundene Möglichkeit, Wirkungen ohne oder gegen den Willen der Adoptionsbeteiligten zu erreichen[243]. Haben die Eltern und Adoptiveltern im Ausland einer „schwachen" Adoption zugestimmt oder sie beantragt, liegt kein Konsens für eine Volladoption deutschen Typs vor.

Gegen diese unfreiwillige „Entrechtung" der leiblichen Eltern können verfassungsrechtliche Bedenken geltend gemacht werden. Die Anwendung der lex loci adoptionis könnte nach Artt. 6, 14 GG, dem Vertrauensschutz als individualrechtlicher Ausprägung des Rechtsstaatsprinzips (Art. 20 Abs. 3 GG) und Art. 103 Abs. 1 GG (rechtliches Gehör) geboten sein.

In der „Spanier-Entscheidung"[244] hatte das BVerfG die Anwendung der Grundrechte auf auslandsbezogene Sachverhalte mit der Formulierung begrenzt „das rechte Maß ergäbe sich dabei aus der Prüfung, ob und wieweit das betroffene spezielle Grundrecht nach Wortlaut, Inhalt und Funktion unter Berücksichtigung der Gleichstellung anderer Staaten und der Eigenständigkeit ihrer Rechtsordnungen für auslandsbezogene Sachverhalte Geltung verlangt"[245].

---

[243] Dieses Bedenken stellt *Schwind*, Handbuch S. 129 in den Vordergrund (ordre public-Verletzung). Seine Ausführungen zum österreichischen IPR-Gesetz in StAZ 1979, 109, 118 können jedoch wohl als Aufgabe dieses Standpunkts verstanden werden.

[244] BVerfGE 31, 58 ff.

[245] Ebd. S. 86 f.

Die Entscheidung betraf freilich die Frage, inwieweit ausländisches Recht aus verfassungsrechtlichen Gründen nicht anzuwenden ist, während es hier um ein mögliches verfassungsrechtliches Gebot der Anwendung geht.

In beiden Fällen sind jedoch Prinzipien internationaler Gerechtigkeit, das jeweils sachnächste Recht zu finden, gegenüber im Einzelfall möglicherweise kollidierenden grundrechtlichen Wertungen abzuwägen; es geht darum herauszufinden, ob die grundrechtlich geschützten Interessen in der Weise überwiegen, daß sie auch bei Berücksichtigung der Internationalität des Sachverhaltes das Ergebnis bestimmen müssen.

Je mehr die deutsche Rechtsfindung internationalprivatrechtlich freigestellt ist, Lösungen zu entwickeln, um so größer ist folglich der Einfluß der Verfassung, die grundrechtskonformere Lösung zu wählen. Dabei ist jedoch zu berücksichtigen, daß eine internationalrechtlich vorzugswürdige generelle Lösung nicht schon deshalb abzulehnen ist, weil bei ihrer Anwendung Einzelfälle denkbar sind, bei denen sie mit verfassungsrechtlich orientierten Wertungen kollidieren kann. Hier ist vielmehr zu untersuchen, ob dem Einzelfall nicht auch auf andere Weise Rechnung getragen werden kann.

Bei im Ausland abgeschlossenen Sachverhalten bestimmt der Gesichtspunkt der Auslandsbezogenheit dagegen die Abwägung in größerem Umfang. Im Bereich des internationalen Adoptionsrechts wird dieser Unterschied deutlich, wenn man die Grundrechtsbindung bei der Beurteilung der Voraussetzungen der Adoption vergleichend heranzieht. Sieht der ausländische Staat die Ersetzung der Einwilligung der Eltern etwa unter wesentlich leichteren Bedingungen als § 1748 BGB vor, so ist jedenfalls soviel Zurückhaltung bei der Kritik ausländischer Rechtsordnungen geboten, daß es nur in Ausnahmefällen vertretbar erscheint, wegen Verletzung deutscher Grundrechte die darauf beruhende ausländische Adoptionsentscheidung als rechtsstaatswidrig, sei es unmittelbar oder als Verletzung des ordre public, nicht anzuerkennen und damit die Andersartigkeit des Auslandsrechts zu sanktionieren. Die Grundrechtsgeltung wird hier — in Übereinstimmung mit den Ausführungen des Bundesverfassungsgerichts — durch die Werte internationaler „comity“[246] begrenzt.

Der Rechtsverlust der leiblichen Eltern bei der Transformation der spezifischen Wirkungen äußert sich einmal darin, daß die genetisch begründeten, „natürlichen“ Verwandtschaftsbeziehungen bei der Volladoption rechtlich keine Berücksichtigung mehr finden[247], zum anderen, daß

---

[246] Zu diesem Begriff *Kegel*, Lb. S. 8.

[247] Sieht man von Ausnahmen wie § 1764 Abs. 3 und 4 BGB hinsichtlich der Aufhebungsfolgen einmal ab.

vermögenswerte Positionen wie Unterhalts-, Erb- oder Pflichtteilsberechtigungen sowie u. U. bestimmte verbliebene personenrechtliche Rechte, wie ein Verkehrsrecht mit dem Kind, verloren gehen.

In seiner Adoptionsentscheidung aus dem Jahre 1968 hat das BVerfG[248] ausgeführt, Art. 6 Abs. 2 und 3 GG seien die spezifischen Bestimmungen für die Eltern-Kind-Beziehung, während Abs. 1 der Vorschrift in erster Linie die rechtliche Zugehörigkeit des Kindes zu einer bestimmten Familie und seine allgemeine Stellung in dieser Famile betreffe. Das BVerfG hält die Befugnis und Verantwortlichkeit für die Pflege und Erziehung des Kindes für den tragenden Gesichtspunkt für das Erfordernis der elterlichen Einwilligung und setzt damit andere Akzente als die überwiegende Ansicht in der Literatur, die das natürliche, genetische Verwandtschaftsverhältnis in diesem Zusammenhang betont[249].

Legitimiert nur Pflege und Erziehung das Einwilligungserfordernis, scheint es möglich, den gewollten oder rechtmäßigerweise substituierten Verzicht auf die elterliche Gewalt, die Zustimmung zu den Grundwirkungen der Adoption, als ausreichende Mitwirkung bei der Eingliederung des Kindes in die Adoptivfamilie anzusehen, unabhängig davon, welche spezifischen Wirkungen der Adoptionstyp des Anerkennungsstaates hat.

Dieses Konzept scheint den Übergangsvorschriften des Adoptionsrechts von 1976 (Art. 12 § 2 Abs. 2) zugrundezuliegen, in denen der automatische Übergang von der schwachen zur Volladoption geregelt ist, wobei die leiblichen Eltern nur dann ein Erklärungsrecht haben, daß die Volladoption nicht eintreten soll, wenn die Einwilligung zur (schwachen) Adoption nicht ersetzt worden war. Der Typenwechsel mit allen Rechtsfolgen, der immerhin die verwandtschaftliche Doppelstellung des Adoptivkindes beseitigt und es ausschließlich der Adoptivfamilie zuordnet, ist danach kein Grund, erneut eine Mitwirkung vorzusehen[250].

Allerdings ist die Zuordnung der Einwilligung zu Pflege und Erziehung des Art. 6 Abs. 2 GG in der Entscheidung des Verfassungsgerichts unter der Prämisse zu sehen, daß die damalige Adoptionsform weder das allgemeine rechtliche Familienband noch die blutsmäßige Bindung zu der bisherigen Familie des Kindes berührte[251].

Immerhin scheint jedoch die verfassungsrechtliche Lösung für Fragen außerhalb dieses „Kernbereichs" der Familienbeziehungen damit vorgegeben.

---

248 BVerfGE 24, 119 ff., insbes. S. 135 f. = NJW 1968, 2233 f. = FamRZ 1968, 578 ff.

249 Etwa *Staudinger - Engler*, § 1747 Rdnr. 8.

250 Zur Entstehungsgeschichte vgl. BT Drs. 7/3061 S. 68 - 72.

251 BVerfGE ebd. S. 137.

So hatte der 1. Senat des BayObLG[252] darüber zu entscheiden, ob die Neufassung des damaligen § 1765 BGB im Rahmen der Nichtehelichengesetzgebung 1970[253], in der die leiblichen Eltern ausdrücklich die Befugnis verloren, mit ihrem Kind nach der Adoption persönlich zu verkehren, verfassungswidrig sei. Der Senat verneint einen Verstoß gegen Art. 6 Abs. 2 GG, obwohl jedenfalls zur Zeit der Adoption selbst das Verkehrsrecht rechtlich möglich und auch ausgeübt und später sogar gerichtlich zugesprochen wurde, indem es die Neuregelung als „klarstellende Ergänzung des überkommenen Adoptionsrechts"[254] charakterisiert. Pflege und Erziehung werden ausschließlich den Adoptiveltern zugeordnet. Der Verlust des Verkehrsrechts sei deshalb nicht einmal ein Eingriff des Staates in ein durch Art. 6 Abs. 2 Satz 1 GG geschütztes Elternrecht, der durch Art. 6 Abs. 2 Satz 2 GG gedeckt sein müßte. Jedenfalls aber greife im Interesse des Kindeswohls Art. 6 Abs. 2 Satz 2 GG ein. Wichtig ist danach, daß die Einwilligung zum „überkommenen Adoptionstyp" ausreicht, um „systemimmanente Modifikationen"[255] zuzulassen.

Diese Argumentation, die der Abkehr von einer zu starken Orientierung an den genetischen Beziehungen in der rechtlichen Erfassung des Eltern-Kind-Verhältnisses entspricht, reicht jedoch nicht aus, um ohne weiteres auch den durch einen bestimmten Adoptionstyp vorgegebenen Rahmen zu überwinden, „systemtranszendierende" Modifikationen im Wirkungsbereich verfassungsrechtlich zuzulassen.

Es geht darum, zu ermitteln, ob der durch die konsentierte schwache Adoption schon wesentlich verminderte Status der Elternschaft der leiblichen Eltern verfassungsrechtlich noch derart geschützt ist, um ein Gesetz oder — soweit, wie hier, eine Äußerung des Gesetzgebers nicht vorliegt — die funktionsgleiche Entwicklung von Grundsätzen durch Rechtsprechung und Wissenschaft i. S. der Transformationslösung zu verhindern.

Maßgebliche Verfassungsnorm ist Art. 6 Abs. 1 GG. Die Anwendung dieser Vorschrift ist freilich nicht einfach, da die Institutsgarantie der Familie[256], der besondere Schutz der staatlichen Ordnung, sicher nicht an dem Leitbild von Familienbeziehungen ausgerichtet ist, die durch ein bestehendes Adoptionsverhältnis praktisch ausgehöhlt sind.

---

[252] FamRZ 1971, 467 ff.

[253] Kritik bei *Engler*, FamRZ 1966, 551, 556 ff.; *Lange*, JZ 1966, 727, 733 Fn. 6 äußert verfassungsrechtliche Bedenken nur für den Fall der Ersetzung der Einwilligung.

[254] Ebd. S. 470 l. Sp.

[255] In der Sprache von BVerfGE 30, 1 Leitsatz 5 aus einem freilich völlig unterschiedlichen Sachbereich.

[256] Etwa *Maunz / Dürig / Herzog / Scholz* Art. 6 Anm. 6 *(Maunz)*.

Insbesondere Engler[257] hat jedoch auf die auch verfassungsrechtlich eigenständige Bedeutung des „natürlichen“ Elternrechts hingewiesen, das über „Pflege und Erziehung“ und „elterliche Gewalt“ hinausgeht und als individuelles Recht auf Schutz der verwandtschaftlichen Beziehungen zu anderen Familienmitgliedern am Schutzbereich des Art. 6 Abs. 1 GG teilhat.

Im Adoptionsrecht kommt dieser Gedanke z. B. darin zum Ausdruck, daß die Einwilligung der Eltern nach § 1747 Abs. 1 und 2 n. F. BGB unabhängig davon ist, ob ihnen die elterliche Gewalt zusteht[258]. Freilich macht das neue Recht im Wege einer „Verfassungsauslegung durch einfache Gesetze“ auch deutlich, daß dieses natürliche Recht nicht absolut geschützt ist, indem die Einwilligung nur bei der Minderjährigenadoption erforderlich ist (§ 1768 Abs. 1 Satz 2 BGB), während die Volljährigenadoption ohne Mitwirkung der Eltern möglich ist, in besonderen Fällen (§ 1772 BGB) sogar als Volladoption.

Aber auch bei der Minderjährigenadoption ist es zweifelhaft, ob Art. 6 Abs. 1 GG ein Einwilligungserfordernis bei einer Transformation der spezifischen Wirkungen verlangt.

Die fortbestehenden Rechtsbeziehungen zwischen dem Kind und seinen Verwandten, die bei einer schwachen Adoption typischerweise auftreten[259], können in personen- und vermögensrechtliche Beziehungen unterteilt werden; beide Fallgruppen erscheinen jedoch nicht so bedeutungsvoll, daß sie ein hohes Maß verfassungsrechtlicher Schutzbedürftigkeit in Anspruch nehmen könnten.

Ein verbleibendes Verkehrsrecht konnte schon nach bisheriger Auffassung ohne erneute Zustimmung entzogen werden, die Rückübertragung der elterlichen Gewalt nach Aufhebung der Adoption ist auch nach neuem Recht möglich (§§ 1763 Abs. 3, 1764 Abs. 4 BGB), wenngleich unter möglicherweise eingeschränkteren Voraussetzungen. Ist die Adoption nach dem Heimatrecht des Kindes eher aufhebbar als nach deutschem Adoptionsrecht, ist zu berücksichtigen, daß die Adoption grundsätzlich als unmittelbare Zuordnung eines Kindes auf Dauer zu der Adoptivfamilie bestimmt wurde.

Damit rückt neben Art. 6 Art. 14 Abs. 1 GG ins Blickfeld. Unterhaltsansprüche und Erberwartungen oder Pflichtteilsansprüche der leiblichen Eltern oder auch sonstiger Verwandter des Kindes sind geeignet, dem Schutzbereich des Art. 14 Abs. 1 GG zugerechnet zu werden.

Diese Ansprüche und Rechtspositionen stehen teilweise unter dem Gedanken der Wechselseitigkeit. Brauchen die leiblichen Eltern ihrer-

---

[257] FamRZ 1969, 63 ff.

[258] Vgl. BT-Drs. 7/2061 S. 36.

[259] Vgl. die Übersicht bei *Staudinger - Engler*, § 1764 Anm. 2 - 11 für die deutsche Rechtssituation vor der Reform von 1976.

seits keinen Unterhalt zu leisten, erscheint es nicht ungerechtfertigt, das Kind seinerseits davon zu entbinden. Erb- und Pflichtteilsrechte der Eltern würden oft Vermögenswerte, die das Kind von den Adoptiveltern erworben hat, sachlich ungerechtfertigt an die leiblichen Eltern vermitteln[260].

Der entscheidende Gesichtspunkt ist jedoch, daß gerade diese Rechtspositionen auch sonst durch das deutsche Internationale Privatrecht im Wege einer Inhaltsbestimmung nach Art. 14 Abs. 1 Satz 2 GG oft inhaltlich verändert oder aufgehoben werden.

Bei personenrechtlichen Dauerrechtsverhältnissen wie Kindschaft und Ehe sind diese Rechte mit der Unsicherheit behaftet, daß die maßgebliche Anknüpfung sich ändern, daß ein Statutenwechsel stattfindet. Zwar ist das eheliche Güterrecht unwandelbar (Art. 15 EGBGB), im übrigen und insbesondere in den hier interessierenden Bereichen des Unterhalts- und Erbrechts ist jedoch ein Statutenwechsel möglich[261].

Eine dem Statutenwechsel vergleichbare Situation besteht bei der Differenzierung zwischen Begründung und Wirkung eines Rechtsverhältnisses, indem die unwandelbare Anknüpfung der Wirkungen an die lex loci actus in Frage gestellt wird.

Selbst wenn vom Standpunkt des deutschen Kollisionsrechts eine „pétrification"[262] des bei der Begründung geltenden Statuts als Adoptionsstatut gefordert wird, ist nicht gesagt, ob der Heimatstaat des Kindes nicht seinerseits die Adoptionswirkungen dem Recht der Bundesrepublik unterstellt, weil er es als das sachnächste betrachtet und auf diese Weise die leiblichen Eltern seinerseits „entrechtet". Daraus kann zwar nicht zwingend abgeleitet werden, daß dieser Rechtsverlust auch nach deutschem Recht übernommen werden müßte. Die grundsätzliche Anerkennung eines Wandels des maßgeblichen Statuts, um die Suche nach dem sachnächsten Recht zu ermöglichen, beinhaltet jedoch auch die Billigung von Rechtsverlusten. Die Annahme einmal entstandener, dauernd wirksamer „wohlerworbener Rechte" (vested rights, droits acquis) auf Unterhalt oder Erbbeteiligung kann somit hinter internationalprivatrechtliche Gerechtigkeitserwägungen, das sachnächste, das „beste" Recht zu finden, auch ohne die Zustimmung der Betroffenen zurücktreten. Dem Verfassungsrecht die Aufgabe zuzuweisen, diese Erwägungen zur Rechtswahl durch die Annahme einer „vested-rights"-Theorie[263] abzuschneiden, erscheint nicht gerechtfertigt.

---

260 Zu diesem Problemkreis vgl. *Jayme*, ZRP 1972, 1 ff.

261 Vgl. Art. 14 EGBGB, der sich auch auf den Unterhalt bezieht; dazu *Palandt - Heldrich*, Art. 14 EGBGB Anm. 4 e; *Staudinger - Gamillscheg*, Art. 14 EGBGB Anm. 51 ff. sowie die Artt. 19, 20, 24, 25 EGBGB.

262 Vgl. *Ficker*, Actes et Doc., S. 313.

263 Zu dieser inzwischen überholten US-amerikanischen Doktrin vgl. *Kegel*,

Dies führt zu der Frage des Vertrauensschutzes und des rechtlichen Gehörs. Es ist nicht fair, die leiblichen Eltern durch Rechtswahl bei den Anerkennungswirkungen um bestimmte Rechtspositionen zu bringen, ohne daß sie mit der Möglichkeit einer Unterstellung des Adoptionsverhältnisses unter das Recht des Anerkennungsstaates hätten rechnen können.

Hierzu ist zu berücksichtigen, daß im Adoptionsverfahren die leiblichen Eltern, beteiligten Verwandten und sonstigen Vertreter des Kindes regelmäßig von der Staatsangehörigkeit und dem Wohnsitz der deutschen Annehmenden Kenntnis nehmen können und daß jedenfalls bei der Prüfung des Wohls des Kindes die Tatsache der Verbringung ins Ausland eine sehr wichtige Rolle spielt. Bei einer Verfahrensgestaltung, die den Mindestanforderungen der Anerkennung genügt, ist folglich Kenntnis der Auslandsbeziehung den Eltern usw. zurechenbar. Sind sie aber bereit, unter vollständiger Aufgabe der elterlichen Gewalt ihr Kind „ins Ausland zu geben", ist es nicht unbillig, ihnen die damit verbundenen kollisions- und anerkennungsrechtlichen Konsequenzen aufzuerlegen[264]. Schließlich ermächtigt die Übertragung der elterlichen Gewalt die Wahleltern, auch ohne den Willen der leiblichen Eltern den Wohnsitz des Kindes ins Ausland zu verlegen und auf diese Weise einen Statutenwechsel herbeizuführen.

Zuletzt ist zu berücksichtigen, daß im Einzelfall eine Aufhebung der Adoption nach § 1760 BGB in Betracht gezogen werden kann, wenn die Eltern die Unterstellung der spezifischen Wirkungen unter deutsches Recht nicht wollten oder nicht erwogen haben. Es wäre dabei an die Ausweitung der Vorschriften über den Irrtum (§ 1760 Abs. 2 Buchst. b BGB) dahin zu denken, daß der Erklärende zwar gewußt hat, daß er einer Adoption zustimmte, sich aber über das auf die Wirkungen im Anerkennungsstaat angewendete Recht irrte und diese spezifischen Wirkungen nicht wollte.

Hält man daher eine Mitwirkungsmöglichkeit der Eltern an der Bestimmung des Rechts der Wirkungen für verfassungsrechtlich geboten, wäre nur diese extensive Auslegung des § 1760 Abs. 2 Buchst. b BGB verfassungskonform. Andererseits wären auch in diesem Fall die Begrenzungen der Antragsmöglichkeit durch die Vorschriften der §§ 1760 Abs. 3, 1761, 1766 BGB sachgerecht. Das Verbot der Aufhebung im § 1762 Abs. 2 BGB, wenn dadurch das Wohl des Kindes erheblich gefährdet würde, rechtfertigt sich aus der Berücksichtigung der Grundrechte des Kindes.

Lb. S. 91 f. und die Besprechung der Arbeiten W. W. Cooks in *Wengler / Picone*, S. 58 ff.

[264] Ähnlich *Oberloskamp*, Diss. S. 63, *Schwind*, StAZ 1979, 109, 118 und die Vorschläge von *De Nova*, Annuaire S. 127 u. 138.

Auch die Stellung der Adoptiveltern ist verfassungsrechtlich beachtlich. Haben sie aufgrund eines schwachen Adoptionstyps ein Kind angenommen, kann die Transformationslösung unter ähnlichen grundrechtlichen Gesichtspunkten problematisch erscheinen. Die Anwendung deutschen Rechts als Wirkungsstatut verletzt jedoch weder den Kernbereich der Art. 6 und 14 GG, noch den des Vertrauensgrundsatzes oder des Art. 103 Abs. 1 GG.

Zwar ist ein geringeres Maß an Rechten des Kindes nach seinem Heimatrecht vorstellbar, etwa wenn das ausländische Recht es zuläßt, das Erbrecht des Adoptivkindes nach den Annehmenden auszuschließen[265], durch subsidiäre Unterhaltsverpflichtungen der leiblichen Familie mögen die Adoptiveltern in Ausnahmefällen entlastet werden, gegenüber den ohnehin übernommenen Pflichten auf Unterhalt, Erziehung usw. treten diese Änderungen der Rechtsposition jedoch in den Hintergrund. Sind ferner die deutschen Anerkennungsgrundsätze bekannt, besteht auch kein Anlaß, verfassungsrechtlich Vertrauensschutz zu verlangen.

Es kann somit nicht Funktion der Grundrechte sein, die sich aus der Verschiedenheit der Rechtsordnungen ergebenden Anpassungsschwierigkeiten internationaler Adoptionen durch ausschließliche Bezugnahme auf die lex loci adoptionis zu lösen. Es bestehen jedenfalls keine verfassungsrechtlichen Bedenken, die Adoptionswirkungen deutschem Recht zu unterstellen.

b) Nichtverfassungsrechtliche Interessen

Der Transformationslösung wird hier der Vorzug gegeben, da sie die Anwendung des sachnächsten Rechts erlaubt[266].

Bei familienrechtlichen Rechtsverhältnissen kommen als Anknüpfungen grundsätzlich die Staatsangehörigkeit und der gewöhnliche Aufenthalt[267] in Betracht. Da das Kind bei seinen Adoptiveltern in der Bundesrepublik Aufenthalt und Lebensgrundlage haben soll, ist deutsches Recht maßgebliches Aufenthaltsrecht. Das Nationalitätsprinzip verstärkt diese Anknüpfung. Zwar ist über den Weiterbestand der ausländischen Staatsangehörigkeit des Kindes noch nicht entschieden, da es sich dabei nicht um eine spezifische Wirkung, sondern eine Nebenfolge handelt, es erscheint jedoch sinnvoll, anknüpfungsrechtlich der Staatsangehörigkeit der Annehmenden den Vorrang zu geben. Abgesehen von der Wertung des Art. 22 Abs. 1 EGBGB, die für die Aner-

[265] Wie etwa § 1767 a. F. BGB.

[266] Auch der Deutsche Rat für Internationales Privatrecht (Vorschlag I a) bevorzugt für die Annahme das Recht des Staates, dem der Annehmende angehört, wobei dieses Statut als Wirkungsstatut wandelbar sein soll (*Braga*, S. 190).

[267] Vgl. die Analyse von *Graue*, GYIL 19 (1976) 254 ff., insbes. 269.

kennungsproblematik nicht unmittelbar herangezogen werden kann, spricht dafür, daß anders als etwa bei der Ehe es bei der Adoption darum geht, das Kind in eine bestehende Familie zu integrieren, statt eine solche Struktur neu zu schaffen[268].

Stöcker[269] folgert aus Art. 6 Abs. 2 Satz 2 GG sogar, daß die Unterstellung der Rechtsverhältnisse des Kindes unter ein anderes als das Kindesaufenthaltsrecht verfassungswidrig sei. Wenn auch das Wächteramt der Gemeinschaft für Erziehung und Pflege der Kinder wohl kaum als Verfassungsgebot zur Anwendung deutschen Rechts verstanden werden kann, denn wie wäre zu entscheiden, wenn bei Anwendung ausländischen Rechts die Kinder besser geschützt sind, so ist die Betonung der Verknüpfung von gewöhnlichem Aufenthalt und Recht des Aufenthaltsstaates zweifellos zutreffend.

Trotz des Gewichts der erwähnten Anknüpfungsfaktoren und der dahinterstehenden Interessenbewertung kann von zwei Positionen aus Kritik an der Transformationslösung geübt werden: Sie trage den Interessen der Beteiligten nicht Rechnung und sie verkenne das Interesse an der Einheit von Begründungs- und Wirkungsstatut.

Wesentlich ist das Interesse der Beteiligten, die spezifischen Wirkungen dem Adoptionstyp zu entnehmen, dem sie ihre Zustimmung gegeben haben, selbst wenn dieses Interesse nicht zur Verfassungswidrigkeit der Transformationslösung führt.

Das Interesse ist besonders deutlich, wenn der Begründungsstaat mehr als eine Adoptionsform vorsieht[270] und die Adoptanten bewußt die „schwächere" Adoption gewählt haben.

Dies wird freilich nicht der typische Fall einer Auslandsadoption sein, insbesondere wenn sie aus humanitären Erwägungen vorgenommen wurde. In der Regel geht es den Adoptionswilligen um die Übernahme der Sorge für das Kind, die Sicherung von Unterhalt und Erziehung, die Grundwirkungen der Adoption also, während die spezifischen erb- und vermögensrechtlichen Wirkungen des Adoptivtyps bei der Entscheidung für die Annahme eines ausländischen Kindes im Hintergrund stehen. Die als Ausgangspunkt gewählte Situation der bewußten Entscheidung für einen schwachen Adoptionstyp ist jedoch nicht undenkbar und verdeutlicht die Rechtsprobleme.

Dem steht das Interesse der Bundesrepublik gegenüber, daß im Interesse des Wohls des Kindes Adoptionen Minderjähriger nur in der Form der Volladoption stattfinden sollen.

---

[268] Vgl. *Lequette*, Anm. in Rev. crit. 1976, S. 730.

[269] StAZ 1975, 209, 210 f.

[270] So etwa in Italien die „adozione speciale" und „adozione ordinaria". Zu deren unterschiedlichen Voraussetzungen und Wirkungen vgl. *Bauermann*, insbes. S. 99 ff., sowie *Grunsky / Wuppermann*, S. 146 ff.

Hinsichtlich der Adoptiveltern erscheint es sinnvoll, im Wege des Rechts der Anerkennungswirkungen die Wahlmöglichkeiten, die ein Gang ins Ausland ermöglichen, zu begrenzen. Es ist nicht einzusehen, warum es Adoptionswilligen durch ein „forum shopping" nach einem gewünschten Adoptionstyp möglich sein sollte, nach der Wertung des deutschen Gesetzgebers weniger wünschenswerte Adoptionsformen in Deutschland einzuführen, während die in Deutschland Adoptierenden auf den Typ der Volladoption beschränkt sind[271].

Allerdings ist die Existenz unterschiedlicher Adoptionsformen im Geltungsbereich deutschen Rechts, so lange grundsätzlich am Nationalitätsprinzip festgehalten wird, unvermeidlich.

Wenn z. B. italienische Gastarbeiter in Deutschland ein Kind adoptieren, bestimmt Art. 22 Abs. 1 EGBGB die Anwendung italienischen Adoptionsrechts — sofern nicht die Technik einer „versteckten Rückverweisung" oder funktionsähnliche Mechanismen zur Anwendung deutschen Rechts gefunden werden[272]. Da es hier nicht um einen Anerkennungssachverhalt geht, würde Art. 22 Abs. 1 EGBGB auch die Wirkungen bestimmen, jedenfalls wenn man die bisher herrschende Auslegung zugrundelegt.

Haben die Ausländer bereits in Italien adoptiert, besteht gleichfalls kein Anlaß, die Adoptionswirkungen in Deutschland deutschem Recht zu unterstellen, selbst wenn die italienische Familie hier ihren gewöhnlichen Aufenthalt begründet, da die Kontakte zum Heimatstaat durch das Festhalten an der italienischen Staatsangehörigkeit noch hinreichend stark erscheinen[273]. Problematisch würde die Abgrenzung zu dieser Fallgruppe der Adoptionen durch Ausländer, die im Inland leben, wenn die Reform des deutschen IPR zu einer stärkeren Orientierung am Aufenthaltsprinzip anstelle des Nationalitätsprinzips führte[274], womit sich auch die Frage nach der Wandelbarkeit des Adoptionswirkungsstatuts in viel weiterem Umfang stellen würde. Bei der gegenwärtigen Rechtslage bietet die Nationalität jedoch ein ausreichendes Differenzie-

---

[271] Bei der Erörterung der Übergangsvorschriften des neuen Adoptionsrechts erschien es den deutschen gesetzgebenden Körperschaften „eine nicht zwingend gebotene Unübersichtlichkeit", für Jahrzehnte das alte und neue Recht nebeneinander gelten zu lassen (BT-Drs. 7/3061 S. 68). Vgl. auch die sozial motivierten Erwägungen von *Wengler* in Wengler / Picone, S. 442, der darauf hinweist, daß Auslandsadoptionen häufig durch „wohlhabendere" Personen vorgenommen werden.

[272] Zu den Schwierigkeiten bei der Anwendung ausländischen Rechts vgl. neuerdings etwa die Arbeit von *Reitz* hinsichtlich portugiesischen Adoptionsrechts.

[273] Sehr problematisch ist jedoch die Frage, zu welchem Zeitpunkt bei abnehmender Rückkehrbereitschaft der ausländischen Adoptanten auch hier ein Statutenwechsel in Erwägung zu ziehen ist.

[274] Vgl. etwa *Jayme,* FS Bosch S. 459, insbes. S. 465.

rungskriterium, zumal sie im Regelfall einen hohen Grad auch tatsächlicher Kontakte indiziert.

Das Nationalitätsargument ist allerdings nicht auf die leiblichen Eltern und Verwandten des Kindes anwendbar. Die Frage ist hier somit gravierender, mit welcher Legitimation die Bundesrepublik ihren Adoptionstyp in bezug auf die spezifischen Wirkungen vorschreibt.

Auch hier ist es nicht ausreichend, auf die Tatsache zu verweisen, daß im Regelfall Waisenkinder oder von den Eltern und Sorgeberechtigten verlassene Kinder im Ausland adoptiert werden[275], bei denen ein elterliches Interesse an den Adoptionswirkungen kaum berührt wird, da es hier nicht darum geht, ein Sonderrecht für bestimmte Formen humanitärer Adoptionen zu entwickeln, sondern auch anderen Fallgestaltungen gerecht zu werden.

Das Hauptargument ist, daß die spezifischen Wirkungen anknüpfungsmäßig hinter den Grundwirkungen der Adoption zurücktreten. Die Tatsache der Sorge für das Kind und der Lebensraum, in dem diese Sorge stattfindet, wird für die Anknüpfung höher bewertet als die spezifischen erb- und vermögensrechtlichen Implikationen. Diese Bewertung folgt nicht allein aus der Präferenz für die Volladoption als Fürsorgemaßnahme für das Kind, sondern ebenso aus dem Wesen jeder Adoption: Die Integration des Kindes in die neue Familie ist in jedem Fall stärker als die verbleibende Integration in die alte Familie.

Hinzu kommt, daß der Umfang der „Entrechtung" der leiblichen Familie vertretbar erscheint. Ein Erb- oder Unterhaltsrecht gegenüber dem Kind, das das ausländische Adoptionsrecht vorsehen mag, findet seine Rechtfertigung regelmäßig in dem bereits erwähnten Gedanken der Reziprozität.

De Nova[276] weist ferner zu Recht darauf hin, daß es für keine andere familienrechtliche Beziehung jemals vorgeschlagen wurde, daß das Recht der Entstehung einen direkten Einfluß auf das Erbrecht haben sollte. Die Sonderstellung des Adoptionsrechts erklärt sich insoweit wohl aus der historischen Funktion der Adoption als Instrument der Erbfolgepolitik.

Etwa bestehenbleibende personenrechtliche Verkehrs- oder Kontrollrechte treten hinter der grundsätzlichen Übertragung der Personensorge zurück. Dies gilt auch für das Namensrecht.

Sowohl für Adoptiveltern wie für leibliche Eltern kann eine Parallele zu den intertemporalen Kollisionen gezogen werden, die sich im Inland

---

275 Vgl. etwa das AusnahmeG über die Adoption von Waisenkindern Südkoreas StAZ 1977, 50 ff.; dazu *Ukkon*, ebd. S. 40 ff. und *Kim / Caroll*, 14 JFamL (1975/76) S. 223 ff.

276 Recueil S. 140.

bei der Änderung der Adoptionsform ergeben haben. Nach Art. 12 § 2 der Übergangs- und Schlußvorschriften des Adoptionsgesetzes vom 2. 7. 1976[277] wurden „schwache" Adoptionen automatisch in „Volladoptionen" transformiert, wenn nicht einer der Adoptionsbeteiligten gem. § 2 Abs. 2 Satz 2 erklärte, daß die schwache Form der Volljährigenadoption statt des neuen Regelfalls der Volladoption Anwendung finden sollte.

Die Frage stellt sich, ob ein solches Optionsrecht auch bei internationalen Adoptionen geboten ist. Rechtfertigt sich bei der inländischen Adoption die Einräumung des Optionsrechts aus dem Gedanken des Vertrauensschutzes, daß die Beteiligten bei Eingehung der Adoption das neue Recht nicht kennen konnten, so entfällt diese Erwägung bei internationalen Adoptionen, die regelmäßig im Bewußtsein der unterschiedlichen Nationalität und des beabsichtigten Aufenthaltes vorgenommen wurden. Im internationalen Bereich kann kein Vertrauensschutz darauf bestehen, daß jeder Staat Rechte und Pflichten in gleicher Weise bewertet und regelt.

Die Interessen des Kindes scheinen schließlich bei der Transformationslösung am besten gewahrt, wenn man entsprechend den Ergebnissen der internationalen Diskussion[278] um die beste Fürsorge für das Kind die Gleichstellung mit einem ehelichen Kind für notwendig hält. Außerdem wird das Kind nicht Opfer der justizadministrativen Schwierigkeiten, die sich bei der Anwendung ausländischen Rechts auf die spezifischen Wirkungen ergeben können.

Das Interesse derjenigen, die jedenfalls nach Ansicht Taintors[279] am meisten gefährdet sind, durch eine Adoption beeinträchtigt zu werden, nämlich die, die sonst den Adoptanten beerben würden, erscheint von nur untergeordneter Bedeutung. Denn warum sollten die regelmäßig deutschen Verwandten der Wahleltern aus der Tatsache Vorteile ziehen können, daß die Adoption nicht nach deutschem, sondern nach ausländischem Recht vorgenommen wurde, eine Entscheidung, die ebenso wie die Frage, ob überhaupt eine Adoption vorgenommen werden soll, regelmäßig unabhängig von der Interessenlage potentieller Erben getroffen wird.

Ein sehr wichtiges Argument für die Unterstellung der Wirkungen unter deutsches Recht ist der Gedanke, daß die Rechtsbeziehungen innerhalb einer Familie von derselben Rechtsordnung bestimmt sein soll-

---

[277] BGBl. I S. 1760. — *Beitzke*, FamRZ 1976, 74, 79 sieht allerdings diese Überleitungsvorschriften als „Denkanstöße", die die schwierigen Anpassungsprobleme sichtbar machen, eine Adoption in den „nächstverwandten" Adoptionstyp überzuleiten. Hinsichtlich der Probleme, die die Änderung des Rechts der Volljährigenadoption für die Betroffenen bedeuten kann, vgl. BayObLGZ 1978, 1 ff. (zur Aufhebung) und dazu *Bosch*, FamRZ 1978, 656 ff.

[278] Vgl. Abschnitt I, A.

[279] S. 248 und 244 Fn. 124.

ten[280]. Hat das adoptierende Ehepaar weitere Kinder, leibliche oder — was nicht ungewöhnlich ist — weitere ausländische Adoptivkinder, würde es die Integration des Adoptivkindes in die Wahlfamilie nachteilig beeinflussen, wenn verschiedene Rechte Differenzierungen treffen würden, indem etwa für ein Adoptivkind die Volladoption gilt, für das andere dagegen nach seinem Heimatrecht eine Adoptionsform, die etwa Besuchsrechte der leiblichen Eltern, Unterhaltsverpflichtungen des Kindes, eine erleichterte Aufhebbarkeit der Adoption usw. vorsieht. Der Gedanke der auch rechtlichen Familieneinheit ist zwar kein absoluter Wert[281], da das Auftreten von Rechtsstreitigkeiten unter Familienmitgliedern häufig das Nichtbestehen der faktischen Familieneinheit signalisiert, hier geht es aber darum, zusätzliche, äußere Desintegrationsmomente zu vermeiden.

Es bleibt die Frage der durch die Transformation bewirkten Aufspaltung von Adoptionsbegründungs- und Adoptionswirkungsstatut. Die „Pétrification" des Adoptionsstatuts beim Begründungsrecht hat den Vorteil, ein für allemal das anwendbare Recht festzulegen.

Der Preis dafür ist jedoch sehr hoch. Der Kontakt des Begründungsstaates mit dem Adoptionsverhältnis wird mit zunehmender faktischer Integration des Kindes in die Adoptivfamilie immer schwächer, indem das Kind sich in die Umwelt und damit auch die sozialen Rechtsbeziehungen seines Domizilstaates immer mehr einlebt. Für die Beziehungen zwischen Adoptiveltern und Adoptivkind erscheint es daher kaum vertretbar, sie der lex loci adoptionis zu unterwerfen.

Aber auch hinsichtlich der leiblichen Eltern kann die Einheitslösung zu Problemen führen. Selbst wenn das Kollisionsrecht des Heimatstaates die Wirkungen nicht am Domizil- oder Staatsangehörigkeitsrecht des Kindes anknüpft und damit einen Statutenwandel normiert, sondern seinerseits der Einheit von Begründungs- und Wirkungsstatut folgt, kann der Fall eintreten, daß der Heimatstaat jeden Kontakt mit den Eltern verliert, indem sie sterben, das Land verlassen, eine andere Staatsangehörigkeit erwerben usw. Ähnlich ist es, wenn die Eltern das Kind verlassen haben oder ihnen aus wichtigen Gründen die Sorgeberechtigung entzogen wurde. Handelt es sich schließlich um ein Waisenkind, verliert die Einheitslösung vollends an Berechtigung.

Die öffentlichen Interessen des Heimatstaates beschränken sich regelmäßig auf die Fürsorge für das Kind. Tritt durch die im Heimatstaat entschiedene Adoption nach Deutschland eine befriedigende Lösung des Wohlfahrtsproblems ein, vermag auch dieser Gesichtspunkt eine fortdauernde Kontrolle des Rechts des Heimatstaates nicht zu begründen.

[280] Dazu schon *De Nova*, Recueil S. 122 unter Berufung auf *Gambón Alix*.

[281] Vgl. dazu *Stöcker*, StAZ 1975, 209, 211.

c) Der äußere Entscheidungseinklang

Ein wichtiges Argument für die Einheitslösung und damit das Rezeptionsmodell kann der äußere Entscheidungseinklang sein, wenn der Heimatstaat und möglicherweise Drittstaaten aufgrund ihres Kollisionsrechts die Wirkungen mit der Begründung verbinden und spezifische Adoptionswirkungen zu beurteilen haben.

So mag ein Gericht des Heimatstaates den Eltern einen Unterhaltsanspruch gegen das Kind zusprechen. Die Bundesrepublik könnte dieses Urteil nicht anerkennen, ohne das Konzept der Volladoption zu desavouieren.

Konzeptualistischer Purismus ist hier freilich keine ausreichende Begründung. Ist das Adoptivkind nach seinem Heimatrecht etwa anteils- oder pflichtteilsmäßig am Nachlaß seiner Eltern beteiligt, fällt es schwer, rigoristisch nur auf die nach deutschem Recht bestehenden Adoptionswirkungen zu verweisen, um mit dem Argument, Beziehungen zu der leiblichen Familie bestünden nicht mehr, Leistungen aus dem Ausland zu unterbinden.

Die Nachlaßsituation berührt die Streitfrage, ob das Adoptionswirkungsstatut oder das Nachlaßstatut über die Erbberechtigung des Adoptivkindes entscheide, oder — anders formuliert — wie die Frage nach dem Einfluß der Adoption auf die Erbfolge als Vorfrage angeknüpft wird, an das Erbstatut oder selbständig[282].

Klagt also das Adoptivkind vor einem deutschen Gericht auf seinen Anteil am Nachlaß seiner ausländischen Eltern oder Verwandten und gewährt das nach Art. 25 EGBGB maßgebliche Erbstatut des Heimatstaates einem Abkömmling, auch wenn er adoptiert worden ist, eine solche Beteiligung, ist zu fragen, ob der ausländische Gesetzgeber diese Erbberechtigung nur im Hinblick auf den eigenen „schwachen" Adoptionstyp getroffen hat. Trifft dies zu, und das dürfte der Regelfall sein, kommt es darauf an, ob der Heimatstaat die Adoptionswirkungen nach seinem („schwachen") Recht oder nach dem deutschen Wirkungsstatut bemißt. Im ersten Fall wäre eine Erbberechtigung nach dem Erbstatut gegeben.

In jedem Fall jedoch, indem das deutsche Gericht dem Kind einen solchen Nachlaßanteil zuspricht, setzt es sich mit den Wertungen des Wirkungsstatuts nach dem hier vorgeschlagenen Transformationsmodell in Widerspruch. Entsprechendes gilt, wenn es um die Anerkennung einer zusprechenden ausländischen Entscheidung in der gleichen Frage geht.

---

[282] Dazu *Kegel*, Lb. S. 125 f. mit weiteren Nachweisen; neuerdings *Zemen* (FamRZ 1978, 308, 310) für das Verhältnis zwischen österreichischem Adoptionsrecht und Schweizer Erbrecht. Aus der Rspr.: LG Aurich FamRZ 1973, 54; zur Äquivalenz der Adoptionen vgl. die bei *Zemen* ebd. wiedergegebene Entscheidung des Bezirksgerichts Meilen (Schweiz).

Bei der Anerkennung könnte sich ein Lösungsweg über die Nachteilskonzeption des § 328 Abs. 1 Nr. 3 ZPO anbieten[283]. Im Erbzusammenhang könnte ein Nachteil des Kindes etwa darin gesehen werden, daß es durch den Empfang des Erbteils u. U. von seiner Abstammung erfahren kann, was möglicherweise der nach deutschem Adoptionsrecht angestrebten vollständigen Integration als Kind in die Adoptivfamilie schadet. Dagegen spricht, daß auch nach deutschem Recht das Adoptivkind — trotz der restriktiven Vorschrift des § 1758 BGB — jedenfalls sobald es das 16. Lebensjahr vollendet hat, Einblick in seine Abstammungsurkunde nehmen kann[284], so daß den Geheimhaltungserwägungen keine überragende Bedeutung zuzumessen ist, wenn man nicht sogar mit Diederichsen[285] von einem Grundrecht des Kindes auf Kenntnis von seiner Abstammung sprechen will. Hinzu kommt, daß außer im Fall einer Inkognitoadoption entsprechend § 1747 Abs. 3 Satz 2 BGB leiblichen Eltern und Verwandten ebenso wie Dritten nicht verwehrt sein kann, das Adoptivkind testamentarisch am Nachlaß zu beteiligen. Danach beeinträchtigt eine Nachlaßbeteiligung den von den deutschen spezifischen Wirkungen beabsichtigten Integrationsprozeß nicht so stark, daß von einem Nachteil für das Kind gesprochen werden könnte.

Die gleiche Überlegung läßt sich auch für Verfahren vor deutschen Gerichten nutzbar machen: Spezifische Adoptionswirkungen, die das deutsche Recht nicht kennt, wie die Erbfolge des Adoptivkindes nach den leiblichen Eltern, können dann dem ausländischen Erbstatut unterstellt werden, wenn sie mit den deutschen spezifischen Wirkungen nicht kollidieren. Dogmatisch könnte dieses Ergebnis, da § 328 ZPO auf den Anerkennungszusammenhang zu beschränken ist, unter Hinweis auf den Charakter des Adoptionswirkungsstatuts als lex specialis gegenüber dem Erbstatut begründet werden[286].

Die Vorfrage der Adoption ist danach zwar selbständig an das deutsche Statut der spezifischen Wirkungen anzuknüpfen, die Reichweite dieser Anknüpfung ist jedoch dadurch begrenzt, als es darum geht, die spezifischen Zwecke des deutschen Adoptionsrechts zu wahren. Da der danach zentrale Zweck das Wohl des Kindes ist, konvergiert dieser Gedankengang im Ergebnis mit dem Nachteilskonzept des § 328 Abs. 1 Nr. 3 ZPO und führt letztlich zu einer Kumulation der Anwendung

---

283 Mit dem Hinweis auf diese Vorschrift soll das Adoptionsstatut des Art. 22 EGBGB nicht für die Anerkennungsproblematik reaktiviert werden. Es kommt vielmehr darauf an, § 328 Abs. 1 Nr. 3 ZPO die Wertung zu entnehmen, daß ein Bedürfnis nach Typenklarheit in Statusangelegenheiten hinter dem Vorteil für deutsche Beteiligte zurücktreten kann.

284 § 61 PStG; dazu *Lüderitz*, NJW 1976, 1865, 1870.

285 *Palandt - Diederichsen*, § 1758 Anm. 1.

286 Ähnliche Erwägungen sind im Bereich des Namensrechts bekannt. Vgl. dazu Abschnitt III, H.

beider Rechte nach einem durch das deutsche Recht bestimmten Günstigkeitsprinzip.

Kollisionen sind bei personenrechtlichen Wirkungen denkbar, wie dem Namensrecht, einem Verkehrsrecht der leiblichen Eltern[287], aber auch im vermögensrechtlichen Bereich, wenn etwa die leiblichen Eltern Kontrollbefugnisse über das Vermögen des Kindes behalten. Jede Anwendung oder Anerkennung dieser Wirkungen würde die Integration des Kindes in die deutsche Familie behindern, dem Zweck des deutschen Adoptionsrechts widersprechen und damit auch für das Kind nachteilig sein.

Es gibt freilich Grenzfälle: Ist ein Ausstattungsanspruch des Kindes gegen seine leiblichen Eltern etwa nach § 182 a Abs. 1 des österreichischen AGB nachteilig für die Integration in die Adoptivfamilie? Hier ist zu berücksichtigen, daß der Zeitpunkt der Ausstattungsgewährung regelmäßig in eine Zeit fällt, wenn das Kind ohnehin von seiner Abstammung weiß oder Kenntnis haben kann[288].

Dies führt allerdings dazu, daß ausländische Kinder bessergestellt sein können als deutsche Adoptivkinder, indem sie die für sie vorteilhaften Wirkungen des ausländischen Rechts mit den deutschen spezifischen Wirkungen kumulieren können[289].

Weiterhin kann Kritik daran geübt werden, daß die Transformationslösung die leiblichen Verwandten zwar entrechte, indem das Kind von Unterhaltspflichten usw. freigestellt ist, andererseits aber dem Kind einige Vorteile des Heimatrechts zukommen lasse.

Diese Unstimmigkeiten ergeben sich aus der fehlenden Konkordanz der Kollisionsrechte. Sie treten nicht auf, wenn das ausländische Kollisionsrecht die Rechtsbeziehungen des Kindes dem sachnächsten deut-

---

[287] Ein anschauliches Beispiel liefert der Sachverhalt, der der vom Supreme Court of Texas (489 SW2d 558) 1973 getroffenen Entscheidung Rodgers v. Williams zugrunde lag. Der leibliche Vater eines in Illinois adoptierten Kindes, das mit den Adoptiveltern inzwischen in Texas lebte, beantragte in Illinois Besuchsrechte, die nach dem Recht von Illinois, nicht jedoch nach texanischem Volladoptionsrecht möglich waren. Der texanische Gerichtshof entschied, daß grundsätzlich zwar keine zwingenden Gründe der „public policy" gegen die Anerkennung des zusprechenden Beschlusses aus Illinois sprächen, daß jedoch das Besuchsrecht gleichwohl mit der Begründung abgelehnt werden könne, die gegenwärtigen Lebensumstände des Kindes erforderten dies.

[288] Es ist zu berücksichtigen, daß viele dieser Situationen eher von theoretischem Interesse sind, wenn man berücksichtigt, daß gerade bei internationalen Adoptionen in der Regel Waisenkinder oder von ihren Eltern verlassene Kinder angenommen werden, so daß mit irgendwelchen Kontakten zu der leiblichen Familie kaum zu rechnen ist.

[289] *Lipstein* (S. 844, 845) nimmt diesen Sachverhalt zum Anlaß, eine Kumulation nach dem Prinzip des schwächeren Rechts vorzuschlagen: Nur wenn beide Rechte z. B. eine Erbberechtigung nach den leiblichen Eltern kennen, sei diese zuzusprechen. Damit wird die für ungerechtfertigt gehaltene Bevorzugung jedoch in eine ebenso ungerechtfertigte Benachteiligung geändert.

schen Recht unterstellt. Daraus wird im übrigen auch deutlich, daß die auf den äußeren Entscheidungseinklang bezogenen Vorteile der Einheitslösung des Rezeptionsmodells überhaupt nur bei den ausländischen Staaten wirksam werden, die ihrerseits die Wirkungen dem Begründungsstatut entnehmen.

So bleibt die Frage, ob dem Kind Leistungen vorenthalten werden sollen, die es nur nach seinem Heimatrecht beanspruchen kann. Beeinträchtigen diese ausländischen Wirkungen das deutsche Adoptionsverhältnis nicht, ist jedoch kein öffentliches Interesse der Bundesrepublik erkennbar, die Annahme dieser Leistungen zu unterbinden[290].

Es sei noch angemerkt, daß die hier skizzierte Lösung auch bei anderen Problemen des äußeren Entscheidungseinklangs zu befriedigenden Lösungen führen kann. In dem Fall, daß eine Adoptionsentscheidung des Staates X in der Bundesrepublik nicht als Adoption anerkannt wird, kann die Frage auftauchen, ob die deutschen „Adoptiveltern" das „Adoptivkind" beerben. Hat das Kind die deutsche Staatsangehörigkeit nicht erworben, wird es nach dem Recht von X beerbt (Art. 25 EGBGB), das keinen Anlaß haben dürfte, die eigene Adoptionsentscheidung nicht als wirksam anzusehen. Knüpft man hier an die lex causae des Erbstatuts an und kennt das ausländische Recht ein Erbrecht der Adoptiveltern, würden die deutschen Adoptiveltern erben, bei selbständiger Anknüpfung der Adoptionsvorfrage jedoch nicht.

Entsprechende Nachlaßentscheidungen von X könnten aber in gegebenenfalls analoger Anwendung von § 328 Abs. 1 Nr. 3 ZPO anerkannt werden, da sie deutschen Beteiligten keinen Nachteil bringen würden. Ebenso erscheint es sachgerecht, wenn auch deutsche Gerichte bei der Vorfrage deutsches Recht nur insoweit heranziehen, um zu überprüfen, ob die Beurteilung des Rechtsakts in X als Adoption irgendwelche nach deutschem Recht maßgebliche Interessen der Beteiligten verletzt. Ist das nicht der Fall, kann es nicht Aufgabe des deutschen Rechts sein, Leistungen zu verhindern, nur weil sie nach deutschem Recht nicht entstanden wären, freilich unter dem Vorbehalt des ordre public.

d) Verfahrensrechtliche Gesichtspunkte

Die Einheitslösung kann darauf gestützt werden, daß das Verfahren bei der Adoptionsbegründung[291] auf den „schwachen" Adoptionstyp ausgerichtet gewesen sei. Dies setzt voraus, daß Beteiligungsformen, Mitwirkungsrechte, Anforderungen an die Feststellung von Tatsachen,

---

[290] Ebenso *Taintor*, S. 261.

[291] So *Oberloskamp*, RabelsZ 39 (1975) S. 613 f. Zu den Anforderungen an das Verfahren als Anerkennungsvoraussetzung vgl. Abschnitt II, C.

Prüfungsumfang und -intensität usw. bei einer Entscheidung über eine schwache Adoption typischerweise anders ausgestaltet sind als bei der Entscheidung über die Volladoption.

Die identischen Grundwirkungen der Adoption stellen jedoch bereits so hohe Anforderungen an ein rechtsstaatliches Verfahren, daß die Differenz in den spezifischen Wirkungen kaum zu erweiterten formellen Zustimmungserfordernissen der Beteiligten führen kann. Auch die Prüfung des „Wohls des Kindes" hängt in Umfang und Intensität wohl nicht davon ab, nach wem das Kind oder welche Person nach dem Kind erbberechtigt sein wird. Spezifische Wirkungen können sicherlich Faktoren bei der Bewertung des Kindeswohls sein, sie treten gerade bei Auslandsadoptionen jedoch wohl hinter der Beurteilung der Grundwirkungen zurück. Hält der ausländische Richter oder Beamte etwa vermögenssorgerechtliche Befugnisse der natürlichen Eltern entsprechend dem Ortsrecht im Interesse des Kindes für notwendig, ist anzunehmen, daß er die Adoption nicht aussprechen wird, wenn es sich um eine Adoption ins Ausland handelt, weil schon die räumliche Distanz die faktischen Möglichkeiten der Einflußnahme der Eltern und der Kontrolle des Gerichts begrenzt[292].

e) Internationale Tendenzen

Ein wichtiges Argument für die Transformationslösung kann aus der internationalen Diskussion zum Fragenkreis der Anerkennung von Adoptionsentscheidungen gewonnen werden.

Neuere Tendenzen der internationalen Rechtsentwicklung im Bereich des internationalen Adoptionsrechts können dazu beitragen, die hier vertretene Auffassung abzusichern, indem sie die Unabhängigkeit des Wirkungsstatuts vom Begründungsstatut ermöglichen, zum Teil im Anerkennungszusammenhang, zum Teil durch die Zulassung der Wandelbarkeit des Adoptionstatuts.

Bei den Diskussionen der Haager Konferenz zur Vorbereitung des Adoptionsabkommens von 1964 führte die Verschiedenheit der Auffassungen noch dazu, daß über die Wirkungen der anzuerkennenden Adoptionen im Anerkennungsstaat keine Einigung erzielt werden konnte[293].

1973 griff das Institut de Droit International in Rom auf seiner Jubiläumstagung die Frage der Wirkungen ausländischer Adoptionsentscheidungen auf und sprach sich in seiner Resolution[294] dafür aus, die

[292] Vgl. die von *Magnus / Münzel* (S. 67 Fn. 35) berichtete indische Entscheidung Trine Holst Thomsen v. The Children National Institute AIR 1974 All. 95: Wegen fehlender Überwachungsmöglichkeiten wurde die Verbringung eines Kindes zur Adoption ins Ausland abgelehnt.

[293] Vgl. rapport *Maul*, Actes et Doc., S. 413; procès verbal No. 10 S. 307 ff.; No. 11 S. 319 ff.; *Oberloskamp*, Diss. S. 13 ff.

[294] Annuaire, S. 792 ff.

wichtigsten Adoptionswirkungen dem Personalstatut der Adoptanten mit der Möglichkeit des Statutenwechsels zu unterstellen (Art. 1 und 4). Die möglichen Konflikte, die die Loslösung der Wirkungen von dem Begründungsstatut der lex loci adoptionis mit sich bringen kann, wurden in Anknüpfung an die Erörterungen der Haager Konferenz ausführlich diskutiert[295] und von der Mehrheit der Konferenzteilnehmer in Kauf genommen.

In England[296] sah der Adoption Act 1968 in Sec. 4 eine Ermächtigung vor, nach der der Secretary of State durch Verordnung (order) eine Liste der Länder aufstellen konnte, deren Adoptionsbegründungen' grundsätzlich die gleichen Wirkungen zugeordnet werden sollten wie der in England vorgenommenen Volladoption. Diese Liste umfaßte alle Commonwaelth-Länder und die meisten westeuropäischen Staaten, darunter die Bundesrepublik, die bis 1976 nur eine einfache Adoption kannte[297].

Im Adoption Act 1976[298] wurde dieses administrative Anerkennungssystem aufgegeben. Sec. 38 I e normiert nunmehr eine Gleichstellung in den meisten Wirkungen[299], d. h. insbesondere die Gleichstellung des Adoptivkindes mit einem ehelichen Kind für „adoptions recognised by the law of England and Wales and effected under the law of any other country".

Welche ausländischen Adoptionen anerkannt werden, ergibt sich unter anderem daraus, daß England das Haager Adoptionsabkommen von 1965 ratifiziert hat[300]. Im übrigen wird die Anerkennung durch das angloamerikanische Prinzip bestimmt, daß der Entscheidungsstaat „jurisdiction", d. h. internationale Zuständigkeit gehabt haben muß[301].

Das amerikanische Restatement of the law[302] stellt für die Wirkungen ausländischer Adoptionen fest (§ 290):

> an adoption rendered in a state having judicial jurisdiction under the rule of § 78[303] will usually be given the same effect in another state as is given by the other state to a decree of adoption rendered by its own courts.

[295] Vgl. insbesondere reports von *De Nova*, Annuaire S. 117 ff., 187 ff. und *Oberloskamp*, RabelsZ 39 (1975) S. 692 - 701.

[296] Für die Rechtslage vor 1968 vgl. *Oberloskamp*, Diss. S. 78 - 118.

[297] Vgl. The Adoption (Designation of Overseas Adoptions) Order 1973 (S. I 1973 No. 19) zitiert nach *Clark / Hall* On Children Rdnr. 1012, dazu *Bromley*, S. 261.

[298] 1976 C 36, *Clark / Hall*, S. 981; dazu *Stone*, S. 238 ff.

[299] Ausgenommen ist z. B. der automatische Erwerb der Staatsangehörigkeit (sec. 40 [2]).

[300] Das eine Anerkennungspflicht hinsichtlich Adoptionen der Mitgliedsstaaten vorsieht (Art. 8).

[301] Vgl. LG Wuppertal FamRZ 1976, 714 (Adoption eines deutschen Kindes durch Engländer).

[302] Restatement 2nd, Conflict of Laws (1971).

Sowohl für das Verhältnis der Bundesstaaten der USA untereinander wie auch zu ausländischen Staaten gilt damit grundsätzlich ein Konzept der Wirkungstransformation, d. h. die Wirkungen bestimmen sich nach der jeweiligen lex fori. Ausnahmen bestehen insoweit, als das Zusprechen einer bestimmten Wirkung auch dann die „public policy" des Anerkennungsstaates verletzen kann, wenn die Adoption des Entscheidungsstaates bestimmten materiellen Anforderungen nicht entspricht. So mag dem Adoptivkind ein Erbrecht nach seinen Adoptiveltern nicht zugesprochen werden, wenn die „Adoption" nur zu dem Zweck vorgenommen wurde, dem Kind die Emigration zu ermöglichen[304]. Eine weitere Ausnahme besteht darin, daß nach einer Mindermeinung der amerikanischen Rechtsprechung das Erbrecht generell nach der lex loci adoptionis bestimmt wird[305].

Für die französische Rechtssituation[306] ist es sehr schwierig, eine ähnliche Tendenz festzustellen. Entscheidungen über Auslandsadoptionen sind selten und uneinheitlich, wobei bisher — ebenso wie in der Bundesrepublik — starke Vorbehalte gegenüber diesen im Ausland vorgenommenen Adoptionen bestehen[307].

Eine gewisse Wende mag die Entscheidung des tribunal de grande instance de Paris vom 15. 12. 1975[308] signalisieren, in der einem nach New Yorker Recht von einem US/französischen Ehepaar adoptierten Kind die Stellung eines ehelichen Kindes in Frankreich entsprechend dem französischen Adoptionstyp der adoption plénière eingeräumt wurde, wobei freilich auch das Recht New Yorks eine Volladoption vorsieht und der Sachverhalt jedenfalls insofern für Auslandsadoptionen der hier behandelten Art nicht typisch ist, als die französische Adoptivmutter auch leibliche Mutter des Kindes war.

Der dritte Entwurf des Projet de loi complétant le code civil en matière de droit international privé (1967)[309] sieht in art. 229 zwar eine kumulative Anwendung der „loi personelle" des Adoptivkindes und der

---

[303] § 78 gibt dem Domizilstaat entweder des Kindes oder des Annehmenden „jurisdiction", sofern „personal jurisdiction" (z. B. durch Anwesenheit, Wohnsitz, Zustimmung usw.) über den Annehmenden und entweder das Kind oder seinen gesetzlichen Vertreter (person having legal custody) gegeben ist.

[304] Guarantee Bank & Trust Co. v. Cillies, 8 NJ 88; 83 A2d 889 (1959).

[305] Zum US-Amerikanischen internationalen Adoptionsrecht vgl. die immer noch grundlegenden Ausführungen von *Taintor,* S. 222 ff.; sowie *Rosenberg / Reese,* S. 898 ff. und *Oberloskamp,* Diss. S. 82 ff.

[306] Einen neueren Überblick gibt *Groffier,* Rev. crit. 1976, 603 - 655.

[307] Neuerdings etwa Cour d'appel de Paris (1re Ch) Rev. crit. 76, 695 m. Anm. *Foyer* (Annullierung einer jugoslawischen Adoption); dasselbe Gericht (1re Ch. suppl.), Rev. crit. 1970, 293 m. Anm. *Poisson* (Assimilierung einer luxemburgischen Volladoption), dazu auch *Oberloskamp,* Diss. S. 216 ff.

[308] Rev. crit. 1976, 728 m. Anm. *Lequette.*

[309] Rev. crit. 1970, 835 - 846.

Adoptierenden für die Voraussetzungen der Adoption vor. Die Wirkungen (Art. 2300) werden hingegen nur vom Recht des oder der Annehmenden bestimmt, was zu einer vollständigen Unabhängigkeit des Wirkungsstatuts von dem Begründungsstatut führen kann.

Für Österreich ist das IPR-Gesetz maßgeblich, das am 1. Januar 1979 in Kraft getreten ist[310]. Sein § 26 bestimmt, daß die Voraussetzungen und Wirkungen einer Adoption sich grundsätzlich nach dem Personalstatut des Annehmenden richten. Zusätzlich ist das Heimatrecht des Kindes für bestimmte Zustimmungsfragen bei der Vornahme der Adoption zu beachten.

Obwohl damit eine Harmonie von Begründungs- und Wirkungsstatut vorgezeichnet scheint, können sich Statutenänderungen daraus ergeben, daß Abs 2 des § 26 bei der Annahme durch ein Ehepaar die Adoptionswirkungen dem Ehewirkungsstatut, also mitunter auch dem jeweiligen Aufenthaltsrecht unterstellt. Nach dem Tod eines Ehegatten ist wiederum allein das Personalstatut des Überlebenden maßgeblich.

f) Praktikabilitätserwägungen

Neben der Sachnähe des deutschen Rechts sprechen auch Erwägungen der Rechtssicherheit und der Praktikabilität entscheidend für die Transformationslösung, die damit dazu beitragen kann, einige Argumente, die gegen die Anerkennung von ausländischen Adoptionen vorgebracht wurden, zu entschärfen.

Jedenfalls bei Staaten der sog. Dritten Welt ist es oft äußerst schwierig, das materielle Recht zu finden und richtig zu interpretieren. Hinzu kommen entsprechende Schwierigkeiten bei der Ermittlung des ausländischen Kollisionsrechts, in dem Regeln über internationale Adoptionen fehlen mögen oder unklar ist, inwieweit eine Verweisung auf deutsches Recht stattfindet.

Der 4. Senat des BGH hat unlängst[311] für einen Fall des Vaterschaftsanerkenntnisses die Regel aufgestellt, daß wenn das an sich berufene Recht nicht oder nur mit unverhältnismäßigem Aufwand und erheblicher Verfahrensverzögerung feststellbar ist, die Sachnormen des deutschen Rechts angewendet werden können — jedenfalls bei starken Inlandsbeziehungen und mangelndem Widerspruch der Beteiligten. Selbst in Statusangelegenheiten können somit Praktikabilitätserwägungen für die Rechtswahl bestimmend sein.

---

[310] BGBl. 1978 Nr. 304. Vgl. auch den grundlegenden Entwurf von *Schwind* in ZfRvgl 1971, 161 - 248. Das Gesetz kommentieren *Beitzke* in RabelsZ 1979, 245, 266 (Adoption) und *Schwind*, StAZ 1979, 109, 118 (Adoption).

[311] Beschl. vom 26. 10. 1977, FamRZ 1978, 179 ff.

Die Transformationslösung befreit die Adoptiveltern hinsichtlich der Adoptionswirkungen von der Ungewißheit der Anwendung ausländischen Rechts und trägt ihrem Bedürfnis nach für sie zugänglichen Erkenntnisquellen über die rechtlichen Konsequenzen der Adoption Rechnung.

G. Die Nebenfolgen

Welche Nebenwirkungen eine ausländische Adoption in Deutschland hat, ist durch die hier vorgeschlagene Lösung zu den spezifischen Adoptionswirkungen weitgehend vorgegeben: Können schon die spezifischen Wirkungen transformiert werden, besteht ein weit geringerer Anlaß, die Unterstellung der Nebenfolgen, die in entfernterem Zusammenhang zu der Adoption stehen, unter deutsches Recht zu versagen.

Eine der wichtigsten Nebenfolgen ist der Einfluß der Adoption auf die Staatsangehörigkeit des Adoptivkindes[312]. Bei der deutschen Adoptionsrechtsreform 1976 wurde das RuStAG dahin geändert, daß die nach den deutschen Gesetzen wirksame Annahme als Kind für das Kind zu einem automatischen Erwerb der Staatsangehörigkeit führt (§ 6 RuStAG)[313]. Damit sollte der durch die Volladoption bewirkten Gleichstellung von Adoptivkindern und ehelichen Kindern auch staatsangehörigkeitsrechtlich Rechnung getragen werden[314], während bei der vorher bestehenden einfachen Adoption nur eine Einbürgerung des Kindes in Betracht kam.

Die Formulierung „nach deutschen Gesetzen wirksame Annahme" bedeutet, daß auch Adoptionen, die nach den Grundsätzen des internationalen Privatrechts oder aufgrund völkerrechtlicher Vereinbarungen „unmittelbar gelten oder anerkannt werden"[315], den automatischen Erwerb der Staatsangehörigkeit zu dem für die Wirksamkeit der Adoption maßgebenden Zeitpunkt bewirken. Wird nun eine schwache ausländische Adoption wirkungsmäßig in eine Volladoption transformiert, besteht kein Anlaß, die staatsangehörigkeitsrechtlichen Konsequenzen nicht auch hier zu ziehen[316].

Die Konsequenzen einer anderen Lösung werden in der Entscheidung des BayObLG[317] aus dem Jahre 1966 deutlich: Ein deutsches Ehepaar hatte ein österreichisches Kind adoptiert. Die Wahleltern starben vor

---

[312] Einen rechtsvergleichenden Überblick gibt *Oberloskamp*, Diss. S. 148 - 152.

[313] Dazu *Jayme*, StAZ 1976, 1 ff., der es allerdings nur für möglich hält, daß der deutsche Gesetzgeber in jedem Fall bei deutschen Annehmenden den automatischen Erwerb der Staatsangehörigkeit gewollt hat (ebd. S. 3).

[314] BGBl. I S. 1758.

[315] Vgl. BT-Drs. 7/3061 S. 63 - 67 und 81, insbes. S. 65 Ziff. 7.

[316] *Dörr* (StAZ 1978, 273) schlägt freilich wegen der derzeit so großen Rechtsunsicherheit im Staatsangehörigkeitsbereich eine nochmalige Adoption vor.

[317] MDR 1966, 415 f.

der Volljährigkeit des Kindes. Wegen des Staatsangehörigkeitsprinzips im Vormundschaftsrecht war trotz der deutschen Adoption, deren Wirkungen sich nach deutschem Recht bestimmten, österreichisches Recht für die Frage maßgebend, ob das in Deutschland lebende Kind in Deutschland unter Vormundschaft gestellt werden konnte. Das deutsch-österreichische Vormundschaftsabkommen von 1927[318] verhinderte zwar, daß auch die einzelnen Wirkungen der Vormundschaft österreichischem Recht unterstellt wurden, die Fragwürdigkeit der Anwendung eines Rechts, zu dem das Kind nur noch staatsangehörigkeitsrechtliche Beziehungen hat, ist jedoch offensichtlich.

Wie hier am Beispiel der Staatsangehörigkeit dargestellt, führt die Anwendung deutschen Rechts auf die Nebenfolgen zu sachgerechten Ergebnissen.

H. Exkurs: Namensrecht

Das Namensrecht des Adoptivkindes, das den spezifischen Wirkungen zuzurechnen ist, nimmt insofern eine Sonderstellung ein, als die verschiedenen Rechtsordnungen die Namensänderung des Kindes oft nicht automatisch eintreten lassen, sondern häufig in getrennten Namensänderungsverfahren bewirken und oft besondere und unterschiedliche Voraussetzungen für die Anpassung des Familiennamens oder die zusätzliche Änderung des Vornamens aufstellen.

Im deutschen Recht werden die namensrechtlichen Folgen internationaler Adoptionen regelmäßig nach dem Adoptionswirkungsstatut bewertet, um dem engen Zusammenhang mit der Adoption Rechnung zu tragen, statt das Namensrecht, wie es in anderen Zusammenhängen geschieht, an das Personalstatut des Namensträgers anzuknüpfen[319].

Adaptionsschwierigkeiten sind kaum zu erwarten. Ist im ausländischen Adoptionsverfahren in den Namensfragen nichts entschieden worden, tritt die Wirkung des deutschen Adoptionsnamensrechts (§ 1757 BGB) hinsichtlich des Geburtsnamens des Kindes automatisch ein, eine etwaige Änderung des Vornamens kann durch einen nachträglichen Beschluß des Vormundschaftsgerichts in analoger Anwendung des § 1757 Abs. 2 BGB herbeigeführt werden. Ein nachträglicher Beschluß widerspricht zwar dem Gesetzeswortlaut, der auf den Zeitpunkt des An-

---

318 RGBl. II 510.

319 BGH FamRZ 1960, 229, 231 f. = StAZ 1960, 206, 209; weitere Nachweise für die h. M. bei *Oberloskamp*, Diss. S. 132 Fn. 4, 5; *Jayme*, StAZ 1974, 309, 313 f.; vgl. auch KG FamRZ 1977, 150 ff. (vietnam. Adoption): Doppelqualifikation — Konkurrenz von Personal- und Familienrechtsstatut; a. A. AG Münster, StAZ 1974, 48 (nur Personalstatut); für eine Doppelqualifikation bei Ehenamen vgl. BGHZ 56, 193 ff. = FamRZ 1971, 426 ff. = NJW 1971, 1516 ff.; für Qualifikation nach dem Legitimationsstatut BGH NJW 1978, 1107; zu dem gesamten Problemkreis *Jochem*, NJW 1978, 1728 ff.

spruchs der Annahme abstellt, anders jedoch als im Fall der Vorabentscheidung[320] nicht dem Gesetzeszweck.

Hat das Adoptionsgericht oder eine sonstige Stelle des Auslandes eine Entscheidung hinsichtlich des Namens getroffen, die vom deutschen Recht abweicht, etwa indem dem Geburtsnamen der Familienname der Adoptiveltern hinzugefügt[321] oder der Vorname geändert wurde[322], ohne daß „schwerwiegende Gründe zum Wohl des Kindes" (§ 1757 Abs. 2 BGB) vorgelegen hätten, liegt ein Anerkennungstatbestand vor, dessen Lösung freilich durch die Anerkennung der Hauptentscheidung über die Adoption determiniert wird. Da die Adoptionswirkungen nach deutschem Recht zu bestimmen sind, sind alle Nebenentscheidungen, die mit dem Adoptionstyp der Volladoption und den ihm zugrundeliegenden Wertungen kollidieren, nicht zu übernehmen.

Hinsichtlich des Vornamens ist ein Widerspruch jedoch kaum vorstellbar. Ein entsprechendes Entscheidungsergebnis wäre auch nach § 1757 Abs. 2 BGB erzielbar, der Mangel an den Voraussetzungen wird dadurch ausgeglichen, daß jedenfalls schwerwiegende Gründe des Wohls des Kindes einer nochmaligen (Rück-)änderung entgegenstehen dürften.

Sieht das ausländische Recht vor, daß der Name der leiblichen Eltern neben dem Familiennamen des Annehmenden beizubehalten ist[323], würde das Kind auf diese Weise Merkmale der Zugehörigkeit zu seiner leiblichen Familie behalten, die dem Gedanken der Volladoption widersprechen. Entsprechend § 1757 Abs. 1 BGB ist daher die ausländische Entscheidung so zu übernehmen, daß der neue Name an die Stelle des Geburtsnamens und nicht nur neben ihn tritt. Auf keinen Fall sollte jedoch die namensrechtliche Problematik zum Anlaß genommen werden, die Adoption von vornherein nicht anzuerkennen.

I. Bestandsschutz

Eine der charakteristischsten spezifischen Wirkungen ist der Bestandsschutz einer Adoption, d. h. die Begrenzung der Möglichkeiten zur Beendigung eines Adoptionsverhältnisses.

Wie im Qualifikationszusammenhang ausgeführt, bedeutet Adoption die Zuordnung eines Kindes zu dem oder den Annehmenden auf Dauer. Gleichwohl kennen selbst Rechtsordnungen, die wie die Bundesrepublik vom Prinzip der Volladoption ausgehen, an sich systemwidrig, die Mög-

---

[320] Zu diesem Fall vgl. KG FamRZ 1978, 208 ff.

[321] Für den Fall der Kumulation der Familiennamen vgl. AG Hamburg StAZ 1969, 366 ff. (zu § 1758 a Abs. 4 n. F. BGB) m. Anm. *Braasch,* ebd. S. 368 f. und LG Regensburg StAZ 1978, 247 f.

[322] Vgl. AG Münster StAZ 1974, 48; KG FamRZ 1977, 180.

[323] Wie z. B. in der Entscheidung BayObLGZ 1978, 162 (Peru).

lichkeit einer Aufhebung[324]. Erleichterte Aufhebungsmöglichkeiten sind regelmäßig mit einfachen Adoptionen verbunden.

Für die Anerkennungsproblematik wird die Beurteilung dadurch erschwert, daß Mängel bei der Begründung und spätere Mängel im Ablauf des Adoptionsverhältnisses analytisch zu trennen sind, obwohl nach deutschem Recht beide Situationen zu derselben Form der ex nunc-Aufhebung führen können.

Die Anerkennung setzt eine nach dem Recht des Entscheidungsstaates wirksame Entscheidung voraus. Dieses Axiom des Anerkennungsrechts kann auch dann nicht aufgegeben werden, wenn die Tatsache der Integration des Kindes in die neue Familie, das Wohl des Kindes auch für den Anerkennungszusammenhang wichtiger Maßstab ist. Die Transformationslösung ist nur eine Form der Interpretation der Funktionsweise der Anerkennung, kann aber nicht das Anerkennungsobjekt selbst ersetzen. Darin mag eine gewisse Inkonsequenz gesehen werden, weil durch die Transformationslösung die Neuschaffung von Rechten und Pflichten, die die Entscheidung nicht intendierte, ermöglicht wird[325]. Dieses Abweichen von der anzuerkennenden Entscheidung rechtfertigt sich jedoch aus der wirksam entstandenen gemeinsamen Basis zumindest der Adoptionsgrundwirkungen, der „minimalia adoptionis".

Sieht das ausländische Recht die Nichtigkeit oder Aufhebung mit Wirkung ex tunc wegen Begründungsmängeln vor[326], erscheint es unmöglich, diese Beendigungsweise in eine ex-nunc-Aufhebung nach § 1760 ff. BGB zu transformieren und an deren besondere Voraussetzungen (etwa § 1761 Abs. 2 BGB) zu binden.

Dies kann freilich zu dem unerwünschten Resultat führen, daß einem sehr gut verlaufenden Adoptionsverhältnis möglicherweise nach längerer Zeit die Anerkennung zu versagen ist, weil inzwischen die Adoptionsentscheidung z. B. durch Anfechtung o. ä. vernichtet wurde. Der im Interesse der Fürsorge für das Kind notwendige Bestandsschutz der personenrechtlichen Zuordnung würde entfallen.

Faktische Familienbeziehungen reichen jedoch als Statusbegründung allein nicht aus[327]. Im übrigen sind auch nach der Reform des deutschen Adoptionsrechts ähnliche Fälle immerhin denkbar, daß etwa wegen

---

[324] Dazu schon oben S. 43, zur Begründung vgl. *Engler,* Auf dem Weg S. 87 ff.

[325] *Schwind,* FS Wengler II S. 755.

[326] Rechtsvergleichende Übersicht bei *Oberloskamp,* Diss. S. 179 ff. und *Bosch,* FamRZ 1978, 666 Fn. 122.

[327] Ein instruktives Beispiel liefert die kalifornische Entscheidung Estate of O'Dea 29 CA 3d 759 (1973): Erbfolge nach leiblichen Eltern wurde zugelassen, obwohl die kanadische Adoption, die die Erbfolge ausgeschlossen hätte, erst lange nach dem Tod des leiblichen Elternteils für nichtig erklärt wurde.

Verfassungswidrigkeit die Adoption aufgehoben werden muß[328]. Liegt etwa die Einwilligung der leiblichen Eltern zur Annahme nicht vor und ist sie nicht ersetzbar, wäre es in Ausnahmefällen wohl ein Verstoß gegen Art. 6 Abs. 1 GG, das Annahmeverhältnis nicht aufzuheben, sofern nicht Grundrechtspositionen des Kindes im Einzelfall überwiegen mögen. § 1761 Abs. 2 BGB wäre in diesem Fall als Aufhebungsgebot verfassungskonform zu interpretieren.

Ist nach der ausländischen Rechtsordnung die Adoptionsentscheidung wegen Begründungsmängeln nicht automatisch nichtig, sondern nur aufhebbar und wird diese Aufhebung ausgesprochen, weil das ausländische Recht die eigenen Gerichte oder Behörden immer noch für zuständig hält, kommt es darauf an, ob diese zweite Entscheidung anerkennungsfähig ist. Widerspricht die Aufhebung dem Kindeswohl und sprechen keine zwingenden Gründe der Beteiligten entsprechend der Regelung des § 1761 BGB für die Aufhebung, wird die Anerkennung zumindest am ordre public-Vorbehalt scheitern, wenn man nicht schon die internationale Zuständigkeit als nicht mehr gegeben ansehen will.

Art. 7 des Haager Adoptionsabkommens[329] scheint zu weitgehend, wenn neben den Behörden des gewöhnlichen Aufenthalts des Adoptivkindes oder der Adoptanten auch die Behörden des Entscheidungsstaates generell die Kompetenz für „révocation" oder „annulation" haben sollen[330] und überdies noch durch die Bezugnahme auf das materielle Recht der kompetenten Vertragsstaaten Rechtswahlmöglichkeiten eröffnet sind, die die Aufhebung internationaler Adoptionen unangemessen erleichtern[331].

Wie bei der Erörterung der Anerkennungsvoraussetzungen bereits gesagt wurde, sind Begründungsmängel des deutschen Rechts kein Grund für die Nichtanerkennung, sondern nur für die Möglichkeit zur Aufhebung nach § 1760 ff. BGB. Diese Sicht rechtfertigt sich jetzt mit der Gleichstellung in den Wirkungen der ausländischen Adoption: Die Tatsache eines Adoptionsverhältnisses mit den Wirkungen einer deutschen Volladoption wiegt schwerer als des Beharren auf der Einhaltung von Begründungsvoraussetzungen des deutschen Rechts. Voraussetzung der Anerkennung ist freilich ein grundsätzlich rechtsstaatliches Adoptionsverfahren im Entscheidungsstaat.

Wenn Mängel im Verlauf der Adoptionsbeziehungen entstehen, greift mit noch größerer Berechtigung die Unterstellung der spezifischen Wirkungen unter deutsches Recht ein, die Aufhebung bestimmt sich nur nach § 1763 ff. BGB.

---

[328] So *Roth-Stielow*, § 1759 BGB Anm. 5.

[329] Actes et Doc., S. 401 f.

[330] Vgl. *Blume*, S. 97: „wenig glücklich".

[331] Dazu *Blume*, S. 127 ff.

Die Regelungen der §§ 1763 ff. BGB sind auch in dem Fall sinnvoll, wenn das Heimatrecht des Kindes weitergehend ist als das deutsche und überhaupt keine Aufhebungsmöglichkeit bietet. Zwar lebt nach § 1764 Abs. 3 BGB das Verwandtschaftsverhältnis des Kindes zu seinen leiblichen Verwandten wieder auf, was in eine Situation führen würde, die das Heimatrecht des Kindes nicht akzeptieren kann, diese Tatsache wird jedoch bereits bei der Prüfung der „schwerwiegenden Gründe zum Wohl des Kindes" des § 1763 Abs. 1 BGB zu berücksichtigen sein, so daß in Anlehnung an § 1763 Abs. 3 BGB eine Aufhebung in diesem Fall nur in Betracht kommt, wenn entweder ein deutscher Ehegatte weiter Adoptant bleibt oder wenn eine erneute Annahme des Kindes (§ 1763 Abs. 3 Buchst. b BGB) ermöglicht werden soll.

K. Verfahrensfragen

Die Anerkennung von ausländischen Adoptionsentscheidungen erfolgt im Wege der Inzidententscheidung, wenn die Wirksamkeit der Adoption Vorfrage für andere abhängige Fragen ist.

Daraus ergibt sich, daß die Wirksamkeit von verschiedenen Gerichten oder Verwaltungsbehörden unterschiedlich beurteilt werden kann und daß dann, wenn keine „Hauptfrage" anhängig gemacht wird, auch die Wirksamkeit der Adoption nicht überprüft wird.

Schurig hat deswegen vorgeschlagen[332], entsprechend dem Verfahren für ausländische Eheaufhebungsentscheidungen gem. Art. 7 § 1 FamRÄndG 1961 ein gesondertes Verfahren zur Anerkennung ausländischer Adoptionen zu schaffen, um die Unsicherheit über den Bestand des Adoptionsverhältnisses zu beseitigen.

Andere Möglichkeiten, die Rechtssicherheit zu gewährleisten, wäre ein Statusverfahren nach § 640 ZPO[333] oder die generelle Aufhebung der ausländischen Adoption und die Durchführung einer Zweitadoption in Deutschland[334].

Wichtig ist zunächst, über den tatsächlichen Umfang der Rechtsunsicherheit Klarheit zu gewinnen[335].

Es ist zu berücksichtigen, daß Auslandsadoptionen im Regelfall nicht auf eigene, direkte Initiative der Adoptionswilligen zustandekommen, sondern durch die Vermittlung von caritativen oder sonstigen Organi-

---

[332] FamRZ 1973, 178 f.; ebenso *Jayme*, FamRZ 1974, 118 und StAZ 1974, 309 ff.

[333] Vgl. *Schurig*, ebd.

[334] Etwa *Magnus / Münzel*, StAZ 1977, 65, 70 f. („Wiederholung").

[335] *Magnus / Münzel*, StAZ 1977, 65, 71 weisen zu Recht darauf hin, daß ein großer Teil der Unsicherheit auf die bisherige Praxis der deutschen Rechtsprechung zurückzuführen ist.

sationen, die — wenn sie im Inland tätig werden — der staatlichen Anerkennung als Adoptionsvermittlungsstelle bedürfen (§ 2 AdVermiG)[336], die an besondere Voraussetzungen (§ 31 AdVermiG) geknüpft ist. Bei Adoptionen mit Auslandsberührung ist im übrigen die zentrale Adoptionsstelle des Landesjugendamtes zu beteiligen (§ 11 AdVermiG). Daher ist zu erwarten, daß bei den durch diese Stellen vermittelten Adoptionen Anerkennungsprobleme regelmäßig durch Vorabklärung der jeweiligen Rechtslage vermieden werden können.

Für die verbleibenden Fälle wird es bereits bei der Einreise des Kindes in die Bundesrepublik erheblich, ob es die deutsche Staatsangehörigkeit gem. § 6 RuStAG erworben hat oder als Ausländer der Ausweispflicht nach § 3 AuslG unterliegt. Befindet das Kind sich in der Bundesrepublik, besteht ein dringendes öffentliches Interesse, den Personenstand des Kindes klarzustellen: Die Palette öffentlich-rechtlicher Rechte und Pflichten, die das Kind in die deutsche Gesellschaftsordnung einbinden oder für die das Adoptionsverhältnis sonst wesentlich ist, wie etwa die Meldepflicht (etwa gem. § 3 bw.MeldeG), Schulpflicht (§§ 72, 73 bw.SchulG), Festsetzung der Steuerklassen der Adoptiveltern, Kindergeldgewährung, Einbeziehung in die Versicherung der Eltern[337] usw., legt es den Adoptiveltern nahe, diese Klärung schon im eigenen Interesse alsbald herbeizuführen.

Der naheliegende Weg ist, eine Eintragung des Kindes gem. § 15 Abs. 1 Nr. 3 PStG als angenommenes Kind in das Familienbuch herbeizuführen.

Die Adoptiveltern sind zwar nach dem Personenstandsgesetz nicht verpflichtet, dem zuständigen Standesamt die Adoption mitzuteilen; da das Kind jedoch dem Melderecht unterliegt, wird das zuständige Standesamt gem. § 70 Nr. 11 PStG regelmäßig von den Meldebehörden entsprechend unterrichtet werden[338].

Der Standesbeamte[339] hat die Eintragung aufgrund öffentlicher Urkunden (§ 15 b Abs. 1 Satz 1 PStG), hier also der ausländischen Urkunden über die Adoption vorzunehmen. Bleiben Unklarheiten, hat er weitere Ermittlungen anzustellen (§ 15 b Abs. 2 PStG).

---

[336] Gesetz über die Vermittlung der Annahme als Kind v. 2. Juli 1976 (BGBl. I S. 1762).

[337] Freilich wird mitunter nur auf die Tatsache der Unterhaltsgewährung für ein Kind abgehoben; zu Steuerfragen in Verbindung mit einer Adoption vgl. *Oswald*, FamRZ 1978, 99 ff.

[338] Vgl. Dienstanweisung § 71: Berichtigungspflicht für unvollständige Personenstandsbücher; dazu *Breidenbach*, StAZ 1960, 20 ff. Zur Frage, ob die Staatsangehörigkeit ins Familienbuch einzutragen ist, vgl. *Drellwo*, StAZ 1976, 84 ff.

[339] Für die Kompetenz der Zivilstandsbehörden auch die Eidgenössische Justizabteilung, ZBlJR 1976, 59, 61 (Ziff. 5).

Der größte Teil der bisherigen Gerichtsentscheidungen zur Adoptionsanerkennung ist auch diesem Bereich zuzuordnen, indem gegen eine negative Entscheidung des Standesbeamten, eine Eintragung in das Familienbuch oder eine Beischreibung der Adoption vorzunehmen, gem. § 47 PStG Beschwerde eingelegt wurde.

Noch sachdienlicher könnte es sein, die zunächst vorläufige personenstandsrechtliche und damit auch staatsangehörigkeitsrechtliche Klärung den Auslandsvertretungen der Bundesrepublik in den Ländern zu übertragen, in denen das Kind adoptiert wurde. Diese Dienststellen werden ohnehin regelmäßig eingeschaltet werden müssen, um dem Kind für die Einreise in die Bundesrepublik notwendigen Ausweispapiere (§§ 1 ff. PaßG) auszustellen. Die Sachnähe dieser Behörden zu der jeweiligen ausländischen Rechtsordnung ist offensichtlich, und es erscheint somit möglich, schon vor der Einreise des Kindes die Frage, ob eine nach den deutschen Gesetzen wirksame Adoption vorliegt, in hinreichender Weise zu klären, wovon dem zuständigen Standesamt Mitteilung zu machen wäre.

Die folgende personenstandsrechtliche Entscheidung über die Eintragung im Familienbuch ist allerdings ebensowenig bindend im Sinne einer rechtskraftfähigen Feststellung wie die Rechtsauffassung der Auslandsbehörden. Bei späteren Inzidententscheidungen kann immer noch festgestellt werden, daß Anerkennungsvoraussetzungen nicht vorlagen, oder auch, daß die Adoptionsentscheidung wegen Anfechtung des zugrundeliegenden Vertrages usw. nunmehr als nichtig angesehen werden muß.

Immerhin kann die standesamtliche Überprüfung für die Adoptiveltern in großem Umfang die Unsicherheit darüber beseitigen, wie die ausländische Entscheidung in Deutschland bewertet wird. Die Standesämter und ihre Aufsichtsbehörden besitzen eine große Erfahrung[340] gerade im Bereich des internationalen Personenstandsrechts; durch administrative Kooperation mit den Bundesministerien des Innern, der Justiz, dem Auswärtigen Amt, mit internationalen Organisationen und durch Gutachten rechtsvergleichender Institute erscheint es möglich, die wichtigsten Fragen zu beantworten, nämlich ob die in dem ausländischen Staat als „Adoption" bezeichnete personenrechtliche Zuordnung als Adoption qualifiziert werden kann und ob das dafür im Ausland vorgesehene Verfahren in eine anerkennungsfähige Entscheidung mündet, d. h. rechtsstaatlichen Grundsätzen genügt ist.

Da diese Fragen sich nicht auf den konkreten Adoptionsfall beziehen, sondern auf die abstrakte Beurteilung der maßgeblichen ausländischen Rechtsvorschriften und Praxis, erscheint es möglich, eine Liste der Staa-

---

[340] *Schrembs*, StAZ 1978, 107 beklagt freilich das „Alleingelassensein" der Standesbeamten in diesen wichtigen Fragen.

ten zu erstellen, deren Adoptionsentscheidungen anerkennungsfähig sind, wie es ja auch in anderen Bereichen des Auslandsrechtsverkehrs nicht unbekannt ist[341]. Dieses Vorgehen wird ferner dadurch erleichtert, daß häufig innerhalb eines bestimmten Zeitraums eine Vielzahl von Adoptionen aus einem Land bekannt werden, wie etwa die südvietnamesischen Adoptionen während des Krieges in Vietnam, die dann nach einheitlichen Kriterien beurteilt werden können. Damit sollen keinesfalls die Schwierigkeiten verkannt werden, die ausländischen Rechtsordnungen entsprechend zu analysieren[342]. Zum einen sollten aber auch die den zuständigen Behörden zur Verfügung stehenden Informationsquellen nicht unterschätzt werden, zum zweiten mag bei Zweifeln der favor adoptionis den Auschlag geben, der im übrigen ohnehin durch den internationalen Trend zur Volladoption begünstigt wird.

In vieler Hinsicht kann daher das standesamtliche Verfahren, das überdies der gerichtlichen Kontrolle unterliegt und jedenfalls über die Möglichkeit der Vorlage an das Gericht gem. § 45 Abs. 2 PStG verfügt, die Funktion des von Schurig vorgeschlagenen separaten Anerkennungsverfahrens wahrnehmen, zumal den später etwa noch einmal mit der Frage der Anerkennungsfähigkeit betrauten Gerichten oder Behörden regelmäßig keine anderen oder besseren Informationsquellen zur Verfügung stehen dürften, als die, die auch der erstmaligen standesamtlichen Beurteilung zugrundegelegen haben.

Dieser administrativ-judikative Informations- und Entscheidungsverbund, der auf die abstrakte Anerkennungsfähigkeit bezogen wird, versagt freilich, wenn Umstände bekannt werden, die bewirken, daß die konkrete Adoptionsentscheidung nicht anerkannt werden kann, weil sie nach dem maßgeblichen Auslandsrecht nichtig ist. Es kann allerdings auch hier abstrakt festgestellt werden, ob die ausländische Rechtsordnung überhaupt die Nichtigkeit oder Aufhebung ex tunc für eigene Adoptionsentscheidungen kennt.

In diesem Fall kann bereits bei der standesamtlichen Prüfung erörtert werden, ob irgendwelche Anhaltspunkte etwa für die Ausübung eines Anfechtungsrechts usw. seitens anderer Adoptionsbeteiligter bestehen. Liegen hier sehr starke Unsicherheitsmomente vor, wäre in in der Tat zu erwägen, die ausländische Adoption aufzuheben und eine deutsche Neuadoption vorzunehmen[343].

---

[341] Etwa die Tabelle zur Frage der Verbürgung der Gegenseitigkeit nach § 328 ZPO bei *Baumbach / Lauterbach.*

[342] Dazu *Simitis,* StAZ 1976, 6 - 15; *Magnus / Münzel,* StAZ 1977, 65, 69.

[343] Verlangt das ausländische Recht eine Nichtigkeitsklage, besteht kein Anlaß, die Adoption anerkennungsrechtlich schon vorher als unwirksam zu betrachten; dazu der Fall bei *Jayme,* StAZ 1970, 300 ff. (italienisches Recht).

Dieses häufig vorgeschlagene Verfahren der „Zweitadoptionen" oder „wiederholten Adoptionen" ist allerdings mit entscheidenden Problemen belastet. Ist ein ausländischer Elternteil vorhanden, müßte dieser seine Zustimmung erteilen, Möglichkeiten, über die Ersetzung der Einwilligung angemessen zu entscheiden, sind ohne häufig längere und nicht einfache Ermittlungen im Ausland schwer vorstellbar. Das Kind müßte angemessen vertreten sein, wobei es wieder fraglich ist, ob die Bestellung eines deutschen Ergänzungspflegers[344], der die Verhältnisse im Heimatstaat nicht kennen mag, in ausreichendem Maße dazu beiträgt, das Wohl des Kindes zu gewährleisten. Schließlich wird auch das deutsche Vormundschaftsgericht in einen unangemessenen Entscheidungszwang gestellt: Ist das Kind aus einem entlegenen Staat nach Deutschland gekommen, wird das Gericht weniger die Angemessenheit der Adoption zu entscheiden haben, als vielmehr, ob es dem Kind zuzumuten ist, wieder in sein Heimatland zurückzukehren, wo es als adoptiert betrachtet wird.

Die „Zweitadoption" ist also wenig sachdienlich, ganz abgesehen davon, daß sie dem Trend des internationalen Rechtsverkehrs zur gegenseitigen Anerkennung ausländischer Entscheidungen entgegenläuft. Als normales Hilfsmittel zur Bewältigung ausländischer Adoptionen ist sie abzulehnen[345], in den Fällen, in denen eine Beurteilung der ausländischen Entscheidung als von Anfang an unwirksam sehr naheliegt, mag sie eine gewisse Berechtigung haben.

Auch der Weg, die verbleibende Unsicherheit über ein Verfahren nach § 640 ZPO zu beseitigen, befriedigt nicht. Abgesehen davon, daß die von den Adoptiveltern beantragte Feststellung des Bestehens des Eltern-Kind-Verhältnisses kaum als „Rechtsstreitigkeit" angesehen werden kann[346], würde das Urteil gem. § 640 Satz 2 ZPO nur die binden, die an dem Verfahren teilgenommen haben.

Das von Schurig vorgeschlagene Anerkennungsverfahren ist damit insofern sicher sinnvoll, es fragt sich nur, ob es wirklich notwendig ist, alle Auslandsfälle von Adoptionen diesem Verfahren zu unterwerfen. Ist für ein Land wie etwa Südkorea[347] das Adoptionsrecht bekannt, scheint es überflüssig, alle Adoptionsfälle aus diesem Land einem expliziten Anerkennungsverfahren zu unterwerfen. Die Nichtigkeitsfälle, we-

---

[344] Vgl. dazu *Magnus*, StAZ 1977, 248, 250, der eine Pflegerbestellung aufgrund des Minderjährigenabkommens vorschlägt. Zu den zahlreichen vertretungsrechtlichen Schwierigkeiten vgl. *Magnus / Münzel*, StAZ 1977, 65, 69 und 72 ff.

[345] Vgl. *Müller-Freienfels*, 16 AmJCompL (1968) S. 175, 205 („abuse"); auch *Beitzke*, FamRZ 1976, 74, 79.

[346] *Schurig*, ebd. S. 178 „Scheinprozeß".

[347] Vgl. das AusnahmeG über die Adoption von Waisenkindern StAZ 1977, 50 ff.; Bericht von *Münzel*, StAZ 1978, 32 ff.

gen derer dieses Verfahren als notwendig angesehen werden könnte, würden nur dann geklärt, wenn dem Anerkennungsentscheid eine auch konstitutive Bedeutung entsprechend § 640 h ZPO zukäme, die jedenfalls für das Verfahren in Eheauflösungssachen nach Art. 7 FamRÄndG nicht besteht[348]. Für die übrigen Fälle scheint die standesamtliche Kontrolle ausreichend.

Hinzu kommt, daß jedes ausdrückliche Anerkennungsverfahren, das über eine Inzidententscheidung hinausgeht, die Frage aufwirft, wie die Nichteinhaltung sanktioniert werden kann. Wird das Versäumnis der Adoptiveltern, die Adoption anerkennen zu lassen, mit der Wirkungslosigkeit der Adoption nach deutschem Recht geahndet, können wirklichkeitsfremde Resultate auftreten, wenn etwa nach dem Tod der Adoptiveltern bei der Nachlaßabwicklung das „Adoptivkind" trotz langen faktischen Kindschaftsverhältnisses mit der Unwirksamkeit der Adoption konfrontiert wird, obwohl die Voraussetzungen der Anerkennungsfähigkeit gegeben waren. Weiterhin besteht bei Anerkennungsverfahren ein ähnlicher Entscheidungszwang für nach ihrem Heimatrecht wirksam adoptierte Kinder wie bei den „Zweitadoptionen".

Um diesen Problemen, die sich aus der jedenfalls faktischen Eltern-Kind-Beziehung ergeben können, zu entgehen, bliebe die Möglichkeit, vor der Adoption im Ausland ein deutsches Genehmigungsverfahren vorzuschalten[349]. Auch hier stellt sich jedoch das Sanktionsproblem, wenn die Adoption trotz fehlender Genehmigung vorgenommen wurde, Letztlich bleibt nichts anderes als anzuerkennen, daß der favor adoptionis, der seine Rechtfertigung im Wohl des Kindes findet, vor der Durchsetzung möglicher anerkennungspolitischer Zielsetzungen Vorrang haben muß.

Ist die ausländische Entscheidung schließlich nicht als Adoption anerkennungsfähig, bleibt neben der Möglichkeit der Adoption des Kindes in Deutschland die weitere Möglichkeit, die nach ausländischem Recht vorgesehenen Wirkungen den deutschen Instituten der Pflegekindschaft (§§ 27, 39 JWG) oder der Vormundschaft anzugleichen. Ist die ausländische Entscheidung unwirksam, haben die Jugendbehörden vorläufige Pflegschafts- oder Vormundschaftsmaßnahmen gegenbenenfalls nach dem Minderjährigenschutzabkommen zu treffen, bevor entweder ein Adoptionsverfahren in Deutschland eingeleitet oder aber das Kind in die Obhut seiner Angehörigen oder Heimatbehörden zurückgesandt ist.

---

[348] *St./J. - Schumann / Leipold*, § 328 XI 3c.

[349] Entsprechend dem schwedischen Modell, das für Auslandsadoptionen eine vorherige Genehmigung des Königs vorschreibt (cap. 6 § 1 [2] AdoptionsG von 1904 [!]) i. d. F. vom 10. 6. 1949. Zur Reform des schwedischen internationalen Adoptionsrechts vgl. *Carsten*, StAZ 1970, 167 f.

IV. Zusammenfassung der Ergebnisse

1. Adoption Minderjähriger ist die Herstellung eines Eltern-Kind-Verhältnisses zwischen dem Angenommenen und dem oder den Annehmenden, das die vollständige Übertragung der elterlichen Gewalt auf den oder die Annehmenden sowie ihre zumindest primäre Unterhaltsverpflichtung gegenüber dem Adoptivkind beinhaltet. Die Beziehung wird nicht für einen begrenzten Zeitraum, sondern auf Dauer eingegangen.
2. Ausländische Adoptionsentscheidungen, die die Adoption eines ausländischen Kindes durch deutsche Annehmende in dessen Heimatstaat betreffen, sind unter dem Vorbehalt des ordre public in der Bundesrepublik anzuerkennen.
3. Die ausländischen Gerichte oder Behörden müssen eine materielle Prüfungskompetenz hinsichtlich der Zweckmäßigkeit der Adoption gehabt haben, das Verfahren muß rechtsstaatlich gewesen sein.
4. Anerkannte ausländische Adoptionen Minderjähriger sind in ihren Wirkungen der Annahme als Kind nach §§ 1741 ff. BGB gleichgestellt. Wirkungen nach Auslandsrecht, die den deutschen Adoptionsgrundsätzen nicht zuwiderlaufen und für deutsche Beteiligte nicht nachteilig sind, können gleichfalls berücksichtigt werden.
5. Die Einrichtung eines besonderen Anerkennungsverfahrens für internationale Adoptionen erscheint nicht notwendig.

Literaturverzeichnis

American Law Institute: Restatement 2nd: Conflict of Laws, St. Paul 1971

Baade, Hans W.: Interstate and Foreign Adoptions in North Carolina, 40 North Carolina Law Review (1962), 691 - 716

Bachmann, Franz: Die Adoption deutscher Kinder durch Angehörige der Vereinigten Staaten von Amerika, StAZ 1955, 36 - 39

Baer, Ingrid: Adoptionen mit Auslandsberührung, StAZ 1977, 33 - 40

Bauermann, Uwe: Das italienische Adoptionsrecht nach Einführung der Volladoption (adozione speciale), Frankfurt 1977

Baumbach / Lauterbach / Albers / Hartmann: Zivilprozeßordnung, Kommentar, 34. Aufl. München 1976

Baur, Fritz: Freiwillige Gerichtsbarkeit, Band I, Tübingen 1955

Behn, Michael: Die Aufhebung des Adoptionsverhältnisses nach dem neuen Recht: zugleich zu den Übergangsvorschriften des neuen Adoptionsgesetzes, ZBlJR 1977, 463 - 485

Beitzke, Günther: Unwirksame Auslandsadoptionen, StAZ 1953, 97 - 99

— Anmerkung zum Beschluß des KG vom 31. 7. 59, NJW 1960, 248 f.

— Die deutsche internationale Zuständigkeit in Familienrechtssachen, FamRZ 1967, 592 - 606

— Zuständigkeitsverweisung und versteckte Rückverweisung in Adoptionssachen, RabelsZ 37 (1973), 380 - 393

— Anmerkung zum Beschluß des OLG Düsseldorf vom 17. 5. 74, FamRZ 1974, 532 f.

— Internationalrechtliches zur Adoptionsreform, FamRZ 1976, 74 - 79

— Zur Neuregelung der Zuständigkeit in Adoptionssachen, FamRZ 1976, 507 - 510

— Neues Österreichisches Kollisionsrecht, RabelsZ 1979, 245 - 276

Besikof, Doris M.: United States Adoptions of Vietnamese Children, 52 Denver Law Journal (1975), 771 - 793

Blume, Jürgen: Das Haager Adoptionsabkommen, Diss. München 1971

Bosch, Friedrich Wilhelm: Die gescheiterte Adoption, FamRZ 1978, 656 - 666

Braasch, Karl-Heinz: Anmerkung zum Beschluß des AG Hamburg vom 23. 2. 69, StAZ 1969, 368 f.

Braga, Sevold: Zur Reform des internationalen Adoptionsrechts (1961), in: Lauterbach (Hrsg.), Vorschläge und Gutachten, S. 182 - 215

Breidenbach, Wilhelm: Die Mitwirkung der Meldeämter bei der Anforderung des Familienbuchs, StAZ 1960, 20 - 22

Bromley, Peter Mann: Family Law, 4th ed., London 1971

Carsten, Gebhard: Internationales Adoptionsrecht — Schweden. Zugleich eine Besprechung des Gutachtens von Walin, StAZ 1970, 167

Clark, *Hall* and *Morrison:* Law relating to Children and goung persons, ed. by Jackson, Booth, Harris, 4th ed., London 1977

Conférénce de la Haye de Droit International Privé: Actes et Documents de la Dixième Session (7 au 28 octobre 1964), Tome II: Adoption, Den Haag 1965 (zitiert: Actes et Doc.)

Delupis, Ingrid Doimi de: International Adoptions and the Conflict of Laws, Stockholm 1975

Deutsche Gesellschaft für Völkerrecht: Berichte Heft 10: Verhandlungen der 11. Tagung in Innsbruck vom 1. bis 4. Mai 1969, Karlsruhe 1971 — darin 2. Thema: Die Frage der internationalen Zuständigkeit im Bereich der freiwilligen Gerichtsbarkeit, *Heldrich*, Andreas, S. 97 - 132; *Schröder*, Jochen, S. 133 - 195
(zitiert: Vortrag)

Dölle, Hans: Über einige Kernprobleme des internationalen Rechts der freiwilligen Gerichtsbarkeit, RabelsZ 27 (1962), 201 - 244

— Internationales Privatrecht — Eine Einführung in seine Grundlagen, 2. Aufl., Karlsruhe 1972

Dörr, Roman: Die Auswirkungen des Adoptionsgesetzes vom 2. Juli 1976 auf das deutsche Staatsangehörigkeitsrecht, StAZ 1978, 271 - 276

Dopffel, Peter: Anerkennung ausländischer Adoptionen im englischen Rechtskreis, RabelsZ 22 (1957), 220 - 261

Drellwo, Karl Heinz: Familienbuch und Staatsangehörigkeit, StAZ 1976, 84 - 86

Drobnig, Ulrich: Skizzen zur internationalprivatrechtlichen Anerkennung — in: Festschrift v. Caemmerer, S. 687 - 704, Tübingen 1978

Ehrenzweig, Albert A.: A treatise on the Conflict of Laws, St. Paul 1962

— Private International Law, General Part, Leyden - New York 1967
(zitiert: General Part)

Ehrenzweig, Albert A. und Erik *Jayme:* Private International Law, Special Part, vol. 2, Leyden - New York 1973
(zitiert: Special Part)

Engler, Helmut: Die Vorschläge zur Änderung des Adoptionsrechts im Referentenentwurf eines Unehelichengesetzes, FamRZ 1966, 551 - 559

— Zum Erfordernis der elterlichen Einwilligung in die Adoption, FamRZ 1969, 63 - 69

— Auf dem Weg zu einem neuen Adoptionsrecht, Bielefeld 1972
(zitiert: Auf dem Weg)

— Das neue Adoptionsrecht, FamRZ 1976, 584 - 594

— Nichtehelichengesetz und Adoptionsrecht, FamRZ 1970, 113 - 122

Erman - Bearbeiter: Handkommentar zum Bürgerlichen Gesetzbuch, Band II, Artt. 13 - 26 EGBGB kommentiert von *G. Marquordt*, 5. Aufl., Münster 1975

Ferid, Murad: Internationales Privatrecht (JA-Sonderheft 13), Berlin 1975

Firsching, Karl: Grundzüge des internationalprivatrechtlichen Familien- und Erbrechts einschließlich des internationalen Verfahrensrechts, Teil III, Abschnitt VI: Adoption, Rpfleger 1972, 1 ff.

— Familienrecht und andere Rechtsgebiete in der freiwilligen Gerichtsbarkeit, 3. Aufl., München 1973

— Zur Anerkennung ausländischer Akte der freiwilligen Gerichtsbarkeit, StAZ 1976, 153 - 158

Geimer, Reinhold: Zur Nichtanerkennung ausländischer Urteile wegen nichtordnungsgemäßen erststaatlichen Verfahrens, JZ 1969, 12 - 16

Glässing, Hellmut: Voraussetzungen der Adoption, Frankfurt 1957

Görgens, Peter, Legitimation und gemeinschaftliche Adoption im internationalen Privatrecht, FamRZ 1978, 762 - 766

Gündisch, Jürgen: Internationale Zuständigkeit und versteckte Rückverweisung bei Adoptionen durch Amerikaner in Deutschland, FamRZ 1961, 352 - 358

Graue, Eugen Dietrich: Domicil, Nationality, and the Proper Law of the Person, German Yearbook of International Law 19 (1976), 254 - 277

Grunsky, Wolfgang und Michael *Wuppermann:* Italienisches Familienrecht, Frankfurt 1971

Habscheid, Walter J.: Besprechung von: Paul Jansen, FGG, FamRZ 1970, 558 ff.

— Freiwillige Gerichtsbarkeit, 6. Aufl., München 1977
(zitiert: Lehrbuch)

Hanisch, Hans: Die „versteckte" Rückverweisung im internationalen Familienrecht, NJW 1966, 2085 - 2092

Heinisch, Manfred: Beendigung und Nichtigkeit der Adoption, Frankfurt/Berlin 1960

Heldrich, Andreas: vgl. Deutsche Gesellschaft für Völkerrecht
(zitiert: Vortrag)

Institut de Droit International: Annuaire 1973, vol. 55, Session du Centenaire Rome (Septembre 1973), Basel 1973
(zitiert: Annuaire)

Jansen, Paul: FGG, Gesetz über die Angelegenheiten der freiwilligen Gerichtsbarkeit mit Nebengesetzen usw., Kommentar, Band 1, 2. Aufl., Berlin 1969

Jayme, Erik: Zur Eintragung eines Randvermerks nach § 30 PStG trotz nichtiger Adoption nach italienischem Recht, StAZ 1970, 300 - 302

— Die erbrechtlichen Wirkungen der Adoption, ZRP 1972, 1 - 5

— Grundfragen einer Reform des internationalen Adoptionsrechts, StAZ 1973, 229 - 236

— Anmerkung zum Beschluß des AG Münster vom 16. 7. 1973, StAZ 1974, 49 f.

— Zur Anerkennung ausländischer Adoptionen, StAZ 1974, 309 - 314

— Die Adoption mit Auslandsberührung im künftigen Adoptionsrecht, StAZ 1976, 1 - 6

— Adoptionsgesetz und internationale Zuständigkeit, StAZ 1976, 246

— Zur Entscheidungsharmonie im internationalen Kindschaftsrecht, in: Festschrift Bosch, S. 459 - 467, Bielefeld 1976

Jayme, Erik und Hans Michael *Meier:* Anerkennung oder Bestätigung kolumbianischer Adoptionen durch deutsche Gerichte, StAZ 1976, 72 - 74

Jellinek, Walter: Die zweiseitigen Staatsverträge über Anerkennung ausländischer Zivilurteile, Berlin 1953

Jochem, Reiner: Irrwege im deutschen internationalen Namens- und Legitimationsrecht, NJW 1978, 1728 - 1730

Kegel, Gerhard: Internationales Privatrecht, 4. Aufl., München 1977 (zitiert: Lehrbuch)

Kim, Chin und Timothy G. *Carroll:* Intercountry Adoption of South Korean Orphans: A Lawyer's Guide, 14 Journal of Family Law (1975/76), 223 - 253

König, Klaus: Die Anerkennung ausländischer Verwaltungsakte, Köln 1965

Krause, Harry D.: Creation of Relationships of Kinship, in: International Encyclopedia of Comparative Law, vol. IV, Persons and Family, ch. 6, Tübingen/The Hague/Paris 1976

Kronke, Herbert: Indonesisches Adoptionsrecht in der Praxis deutscher Gerichte, StAZ 1978, 151 - 154

Kropholler, Jan: Das Haager Abkommen über den Schutz Minderjähriger, 2. Aufl., Bielefeld 1977

Lange, Hermann: Ein Reformvorschlag zum Unehelichenrecht, JZ 1966, 727 - 735

Lauterbach, Wolfgang (Hrsg.): Vorschläge und Gutachten zur Reform des Deutschen internationalen Kindschafts-, Vormundschafts- und Pflegschaftsrechts, vorgelegt im Auftrag der Familienrechtskommission des deutschen Rates für internationales Privatrecht, Berlin/Tübingen 1966

Lequette, Yves: Anmerkung zur Entscheidung des Tribunal de grande instance de Paris v. 15. 12. 1975, 65 Revue critique de droit international privé, 1976, 728 ff.

Lipstein, Kurt: Adoption in Private International Law: Reflections on the Scope and the Limits of a Convention, 12 Intern. Comp. L.Q. (1963), 835 - 849

— Anmerkung zur Entscheidung der Chancery Division v. 21. 7. 1967 (In re B (S) [an infant]), Journal du Droit International (Clunet) 96 (1969), 142 - 147

Lüderitz, Alexander: Das neue Adoptionsrecht, NJW 1976, 1865 - 1871

Magnus, Ulrich: Das Adoptionsrecht in Indien, StAZ 1977, 248 - 253

Magnus, Ulrich und Frank *Münzel:* Adoptionen von Kindern aus Übersee, StAZ 1977, 65 - 77

Matscher, Franz: Zur Theorie der Anerkennung ausländischer Entscheidungen nach österreichischem Recht, in: Festschrift Schima, S. 265 - 286, Wien 1969

— Probleme der internationalen Urteilsanerkennung und -vollstreckung, ZZP 86 (1973), 404 - 440

Maunz / Dürig / Herzog / Scholz: Grundgesetz, Kommentar, München — Art. 6 GG kommentiert von *Th. Maunz* (1969)

Müller, Klaus: Zum Begriff der „Anerkennung" von Urteilen in § 328 ZPO, ZZP 79 (1966), 199 - 245

Müller-Freienfels, Wolfram: Unification of Family Law, 16 AmJCompL (1968), 175 - 218

Münchener Kommentar - Bearbeiter: Bürgerliches Gesetzbuch, Band 5: Familienrecht — §§ 1741 - 1772 BGB bearbeitet von *A. Lüderitz*, München 1978

Neuhaus, Paul Heinrich: Internationale Zuständigkeit für rechtsgestaltende Entscheidungen, FamRZ 1959, 482 f.

— Zur internationalen Zuständigkeit in der freiwilligen Gerichtsbarkeit, NJW 1967, 1167 f.

— Die Grundbegriffe des IPR, 2. Aufl., Tübingen 1976
(zitiert: Grundbegriffe)

Neumeyer, Karl: Internationales Verwaltungsrecht, Band 4, Zürich/Leipzig 1936

Nova, Rodolfo de: Adoption in Comparative Private International Law, Recueil des cours, 1961 III, 69 - 158
(zitiert: Recueil)

Oberloskamp, Klaus: Die Adoption als Dauerrechtsverhältnis im IPR, Diss. Bonn 1971

— Die Entschließung des Instituts de Droit International zum Adoptionswirkungsstatut, RabelsZ 39 (1975), 692 - 701

O'Connell, Daniel Patrick: Recognition and Effects of Foreign Adoption Orders, The Canadian Bar Review (1955), 635 - 653

Oswald, Franz: Zur steuerlichen Anerkennung von Adoptionen nach altem und nach neuem Recht, FamRZ 1978, 99 - 101

Overbeck, Alfred E. von: Les règles de droit international privé matériel, in: Festschrift R. D. Kollewijn / J. Offerhaus, S. 362 - 379, Leyden 1962

Palandt - Bearbeiter: Bürgerliches Gesetzbuch, Kommentar, 36. Aufl., München 1977 — §§ 1297 - 1921 BGB bearbeitet von *U. Diederichsen*, Artt. 7 - 31 EGBGB bearbeitet von *A. Heldrich*

Poisson, Elisabeth: Anmerkung zum Urteil der Cour d'appel de Paris vom 16. 11. 67, Rev. crit. 59 (1970), 293 - 298

Rabel, Ernst: The Conflict of Laws, vol. 1, 2nd edition, Ann Arbor 1958

Randzio, Ronald: Verfahren und Zuständigkeit im Internationalen Adoptionsrecht, Diss. Kiel 1969

Reitz, Werner: Spannungen bei der Anwendung portugiesischen Adoptionsrechts durch deutsche Gerichte, Frankfurt 1978

Reese, Willis L. M.: Depeçage: A Common Phenomenon in Choice of Law, 73 Columbia Law Review (1973), 58 ff.

Reese, Willis L. M. und Maurice *Rosenberg*: Conflict of Laws, Cases and Materials, 6th edition, Mineola 1971

Riezler, Erwin: Internationales Zivilprozeßrecht und prozessuales Fremdenrecht, Berlin 1949

Roth-Stielow, Klaus: Adoptionsgesetz und Adoptionsvermittlungsgesetz, Stuttgart 1976

Schäfer, Irene: Die Anerkennung ausländischer Akte der freiwilligen Gerichtsbarkeit, Diss. Mainz 1968

Schlosser, Peter: Gestaltungsklagen und Gestaltungsurteile, Bielefeld 1966

Schlosser, Peter: Das völkerrechtswidrige Urteil nach deutschem Prozeßrecht, ZZP 79 (1966), 164 - 198

Schröder, Jochen: Anmerkung zum Beschluß des OLG Celle vom 22. 1. 1969, StAZ 1969, 217 - 219

— Internationale Zuständigkeit, Opladen 1971

— Vgl. Deutsche Gesellschaft für Völkerrecht (zitiert: Vortrag)

Schütze, Rolf A.: Die Anerkennung und Vollstreckung deutscher Urteile im Ausland, Herne/Berlin 1973

Schurig, Klaus: Probleme der Fernadoption vietnamesischer Kinder durch Deutsche, StAZ 1973, 33 - 40

— Anmerkung zum Beschluß des AG Fürth vom 6. 12. 71, StAZ 1973, 144 f.

— Für ein Verfahren zur Anerkennung ausländischer Adoptionen, FamRZ 1973, 178 f.

— Anmerkung zum Beschluß des OLG Frankfurt vom 16. 8. 1974, NJW 1975, 503 f.

Schwimann, Michael: Verfahrensrechtliche Probleme im deutschen internationalen Adoptionsrecht, RabelsZ 38 (1974), 571 - 582

Schwind, Fritz: Entwurf eines Bundesgesetzes über das internationale Privat- und Prozeßrecht, ZfRvgl 1971, 161 - 248

— Anerkennung von im Ausland bewirkten Statusänderungen aus österreichischer Sicht, in: Festschrift Wengler, Band II, S. 747 - 758, Berlin 1973

— Handbuch des österreichischen internationalen Privatrechts, Wien/New York 1975

— Prinzipien des neuen österreichischen IPR-Gesetzes, StAZ 1979, 109 - 119

Siehr, Kurt: Ehrenzweigs Lex-Fori-Theorie und ihre Bedeutung für das amerikanische und deutsche Kollisionsrecht, RabelsZ 34 (1970), 585 - 635

— Heilung durch Statutenwechsel — in: Gedächtnisschrift Ehrenzweig, S. 129 - 182, Köln/Berlin/Bonn/München 1978

Simitis, Spiros: Über die Entscheidungsfindung im internationalen Privatrecht, StAZ 1976, 6 - 15

Soergel / Siebert - Bearbeiter: Bürgerliches Gesetzbuch, 10. Aufl., Stuttgart 1970 — Band 7: Einführungsgesetz Artt. 7 - 31 bearbeitet von *G. Kegel*

Staudinger - Bearbeiter: J. v. Staudingers Kommentar zum Bürgerlichen Gesetzbuch und dem Einführungsgesetz, 10./11. Aufl., Berlin — §§ 1741 - 1772 BGB erläutert von *H. Engler,* 1966, Artt. 13 - 17 EGBGB erläutert von *F. Gamillscheg,* 1973, Artt. 7 - 31 EGBGB erläutert von *L. Raape,* 9. Aufl., Berlin 1931

Stein / Jonas - Bearbeiter: Kommentar zur Zivilprozeßordnung, 19. Aufl., Band 2, Tübingen 1972 — § 328 ZPO kommentiert von *Schumann / Leipold* (1969)

Steindorff, Ernst: Sachnormen im Internationalen Privatrecht, Frankfurt 1958

Stöcker, Hans A.: Reform des deutschen internationalen Kindschaftsrechts durch Anwendung des Grundgesetzes, StAZ 1975, 209 - 214

Stone, Olive M.: Family Law, London 1977

Swoboda, Franz: Das internationale Recht der freiwilligen Gerichtsbarkeit, München/Berlin 1934

Taintor II, Charles W.: Adoption in the Conflict of Laws, 15 UPittLRev (1954), 222 - 267

Ukkon, Louis Kim: Einführung in das Sondergesetz für die Adoption von Waisenkindern, StAZ 1977, 40 - 45

Wengler, Wilhelm: Gutachten zum internationalen und ausländischen Familien- und Erbrecht, Berlin 1971

— Zur Adoption deutscher Kinder durch amerikanische Staatsangehörige, NJW 1959, 127 - 130

Wengler, Wilhelm und Paolo *Picone* (Hrsg.): Internationales Privatrecht, Darmstadt 1974

Weyer, Margot: Die Adoption fremdländischer Kinder, Stuttgart 1979

Wuppermann, Michael: Die deutsche Rechtsprechung zum Vorbehalt des ordre public im IPR seit 1945 vornehmlich auf dem Gebiet des Familienrechts, Frankfurt 1977

Zemen, Herbert: Schweizerisches Erbrecht und ausländische Adoptionen, FamRZ 1978, 308 - 312

FSC
www.fsc.org
MIX
Papier | Fördert gute Waldnutzung
FSC® C083411

Kolibri 360 GmbH
Ferdinand-Jühlke-Straße 7
99095 Erfurt, Deutschland
produktsicherheit@kolibri360.de

Druck:
CPI Druckdienstleistungen GmbH
im Auftrag der
Kolibri 360 GmbH
Ferdinand-Jühlke-Str. 7
99095 Erfurt

LEGAL UNHOUSING

LAW AND SOCIETY
SOCIETY

Law and Society Series
W. Wesley Pue, Founding Editor

We pay tribute to the late Wes Pue, under whose broad vision, extraordinary leadership, and unwavering commitment to socio-legal studies our Law and Society Series was established and rose to prominence.

The Law and Society Series explores law as a socially embedded phenomenon. It is premised on the understanding that the conventional division of law from society creates false dichotomies in thinking, scholarship, educational practice, and social life. Books in the series treat law and society as mutually constitutive and seek to bridge scholarship emerging from interdisciplinary engagement of law with disciplines such as politics, social theory, history, political economy, and gender studies.

Recent books in the series:

Alan Hanna, *Indigenous Law in Context: Tŝilhqot'in Dechen Ts'edilhtan in the Governance of Water* (2026)
Eric M. Adams and Jordan Stanger-Ross, *Challenging Exile: Japanese Canadians and the Wartime Constitution* (2025)
Qiaoling He, *Greyscale Legality: The Diverse Landscape of Intellectual Property Law Enforcement in China* (2025)
Laszlo Sarkany, *The Independence of the Prosecutor: Controversy in the Creation of the International Criminal Court* (2024)
Adam Dodek, *Heenan Blaikie: The Making and Unmaking of a Great Canadian Law Firm* (2024)
John W. Burchill, Richard Jochelson, Akwasi Owusu-Bempah, and Terry Skolnik, *Ancillary Police Powers in Canada: A Critical Reassessment* (2024)
James B. Kelly, *Constraining the Court: Judicial Power and Policy Implementation in the Charter Era* (2024)
Howard Kislowicz, Richard J. Moon, and Kerri Anne Froc, eds., *Canada's Surprising Constitution: Unexpected Interpretations of the* Constitution Act, 1982 (2024)
Mandi Gray, *Suing for Silence: Sexual Violence and Defamation Law* (2024)
Azar Masoumi, *Refugees Are (Not) Welcome Here: The Paradox of Protection in Canada* (2023)
Jonathan Swainger, *The Notorious Georges: Crime and Community in British Columbia's Northern Interior, 1909–25* (2023)
Emilie Biland, translated by Annelies Fryberger and Miranda Richmond Mouillot, *Family Law in Action: Divorce and Inequality in Quebec and France* (2023)

For a complete list of the titles in the series, see the UBC Press website, www.ubcpress.ca.